GALOPS 1 à 4

Manuel + Questions/Réponses d'examens

GALOPS 1 à 4

Nouvelle édition

PROGRAMME OFFICIEL

VIGOT

TABLE DES MATIÈRES

Tu as décidé de passer tes galops ? Bravo ! Ce manuel va t'y aider... Tu y trouveras tout ce que tu as besoin de savoir pour réussir la partie théorique de tes galops 1, 2, 3 et 4.

Comment faire pour passer tes galops

Avant tout chose, discute avec ton moniteur de ton niveau ; il te confirmera s'il pense que tu es prêt à passer ton galop ou si tu dois encore progresser. Écoute ses conseils, car il a beaucoup d'expérience !
Par ailleurs, pour passer ton galop, tu dois être licencié auprès de la Fédération Française d'Équitation.
La Fédération Française d'Équitation a établi le niveau de connaissance et de pratique nécessaires pour 9 galops.
Depuis le 1er janvier 2008, la Fédération Française d'Équitation propose des examens d'équitation complémentaires aux galops : le premier et le deuxième degré. Ces examens ne remplacent pas les galops, mais sont destinés à évaluer les candidats sur des connaissances complémentaires dans un but de valorisation.
Il est nécessaire d'être titulaire d'un galop 4 pour se présenter au premier degré et d'être titulaire d'un galop 7 pour se présenter au deuxième degré.

Comment utiliser ton livre

Pour chaque galop, tu trouveras dans ce livre un rappel complet de ce que tu dois savoir et maîtriser selon le programme officiel de la Fédération Française d'Équitation. Ensuite te sont expliqués point par point et en images tous les éléments du programme dans la partie Manuel. Des encadrés viennent mettre en avant les choses importantes à retenir et des tableaux récapitulatifs t'aident à retenir l'essentiel.

Comment tester tes connaissances

Chaque partie théorique est suivie d'une partie Questions / Réponses qui te permettra de tester tes connaissances. Pour répondre aux questions, utilise un crayon à mine tendre ; tu pourras ainsi gommer et recommencer autant de fois que tu veux. Lis bien les questions et prends ton temps pour y répondre.
Si tu hésites à répondre, reporte-toi à la partie correspondante du manuel.

Ensuite, vérifie tes réponses en consultant les corrigés à la fin de la partie Questions / Réponses.
Essaie de répondre à toutes les questions, même si tu ne le fais pas dans l'ordre.

Comment réviser avec le CD-Rom

En plus du livre, tu disposes du CD-Rom pour tester tes connaissances de façon plus amusante.
Réponds aux questions dans l'ordre ou dans le désordre avec le module « Je m'entraîne », teste à tout moment ton pourcentage de bonnes réponses, et expérimente ton niveau en répondant à plusieurs questions d'affilée portant sur l'ensemble du programme avec le module « Je passe mon galop ».

Quelques conseils de réussite

La veille de l'examen, couche-toi tôt pour être en forme le lendemain. Si les épreuves ont lieu le matin, ne pars pas sans avoir pris un bon petit-déjeuner.
N'hésite pas à emporter des barres de céréales pour la journée.
Si tu as bien appris tes leçons et que tu as bien écouté tout ce que t'a appris ton moniteur, sois confiant, car tout devrait bien se passer.
Toujours la veille de l'examen, prépare bien ton équipement : il doit être propre, car tu seras également jugé sur ta tenue.
Par contre, n'attends pas la veille de l'examen pour apprendre tes leçons, car tu aurais du mal à tout retenir !
Pendant les épreuves, il se peut que tu sois stressé, mais c'est tout simplement normal.
Lorsque l'examinateur pose une question, écoute bien. Si tu n'as pas bien compris une question, demande des explications supplémentaires à l'examinateur.
Tous les examinateurs ne demandent pas exactement les mêmes choses, mais toutes les questions portent sur le même programme.

Nous te souhaitons de réussir, et que l'équitation reste toujours pour toi avant tout un plaisir !

Après avoir pansé et amené sa monture en main sur le terrain, ÊTRE CAPABLE de se déplacer au pas et au trot.

ÉQUITATION

SOINS

CONNAISSANCES

Quand tu auras lu attentivement tout ce qui concerne le programme du galop 1, rendez-vous page 42 ou sur le CD-Rom pour tester tes connaissances !

Généralités

Quelques expressions à connaître

En équitation, comme dans tous les sports il est nécessaire de comprendre les expressions utilisées par le moniteur et les autres participants. Voici les principales :

Le **manège** est un espace fermé où évoluent les cavaliers. Sur les bords, des lettres servent de repères. Rectangulaire, ses dimensions sont habituellement : 60 m x 20 m ou 40 m x 20 m.

La **carrière** est un espace découvert, où les cavaliers peuvent s'entraîner. On parle de carrière d'obstacle ou de dressage.

La **reprise** est formée par un groupe de cavaliers qui montent en même temps, en suivant les conseils du moniteur. Généralement, les cavaliers ont sensiblement le même niveau.

La **piste** est le chemin que doit suivre le cheval, tout autour du manège ou de la carrière.

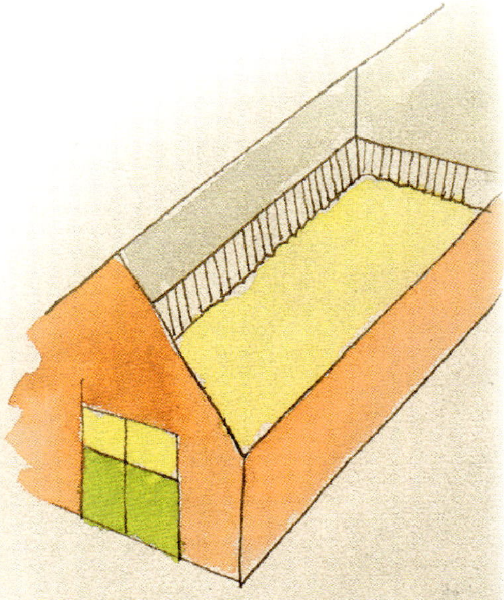

le manège permet de monter en toutes saisons

Dans le manège les cavaliers sont en reprise sur la piste

À SAVOIR

Lorsque les cavaliers travaillent individuellement ou en reprise, ils effectuent généralement des figures géométriques qui seront étudiées à la fin du galop 3 et au début du galop 4.

Un cavalier **« piste à main droite »** tourne à droite. Sa main droite est dite **« main intérieure »** et sa main gauche **« main extérieure »**.
C'est l'inverse s'il est **« piste à main gauche »**.
Quand deux cavaliers se croisent, celui qui marche « piste à main droite » reste sur la piste. L'autre se décale sur **une piste intérieure**.
Lorsque le cheval évolue sur un cercle, la main **intérieure** du cavalier se situe en direction du milieu du cercle.
La **ligne du milieu** est située au milieu du manège, dans le sens de la longueur.
Former la reprise signifie se mettre à cheval l'un derrière l'autre à la suite du chef de reprise, tout en conservant ses distances (voir plus loin : distances à conserver).
Changer de main signifie changer le sens dans lequel le cavalier tourne à l'intérieur d'un manège ou d'une carrière.

Principales règles de sécurité à cheval

- N'entre pas dans une carrière ou un manège, sans demander l'autorisation au moniteur car ton entrée pourrait gêner les chevaux qui y travaillent.
- Avant de former la reprise, il faut se ranger l'un à côté de l'autre sur la ligne du milieu, pour éviter les querelles entre les chevaux.
- Le port d'une bombe homologuée est obligatoire.
- Reste arrêté tant que le moniteur ne t'invite pas à avancer.
- Dans un manège, le cavalier qui marche piste à main droite (ou à l'allure la plus élevée) a la priorité sur les autres.
- En reprise et à l'extérieur, il faut « conserver ses distances » : environ la longueur d'un cheval entre deux chevaux, afin d'éviter les coups de pied et pour ne pas marcher sur les postérieurs du cheval qui précède.

cavalier piste à main droite

arrêtés sur la ligne du milieu

priorité au cavalier piste à main droite

attention aux coups de pied : garde tes distances

À SAVOIR

Lorsque tu es en selle, assure-toi que les étrivières et les rênes sont disposées à plat.
Tu peux t'entraîner à monter à droite, c'est parfois utile en extérieur par exemple.

Monter et descendre de cheval

Monter à cheval

Pour monter à cheval, voici comment procéder en utilisant l'étrier gauche :

→ Vérifie le sanglage de la selle pour éviter qu'elle tourne.
→ Descends les étriers et règle la longueur des étrivières en les comparant à celle de ton bras : place le poing fermé sous le petit quartier et règle les étrières, de façon à ce que le plancher de l'étrier arrive sous ton aisselle. Assure-toi que les deux étriers sont à la même hauteur en te plaçant devant le cheval.
→ Place-toi au niveau de l'épaule gauche du cheval, en te tournant légèrement vers l'arrière.
→ Pour que le cheval reste en place, ajuste les rênes et maintiens-les à plat sur l'encolure avec la main gauche, en saisissant éventuellement une poignée de crins.
→ Engage ton pied dans l'étrier gauche.
→ Saisis le troussequin avec la main droite, prends appel sur le pied droit et mets-toi en selle en ayant soin de pencher le buste en avant pour éviter de tirer la selle sur le côté. Ne pique pas le flanc du cheval avec la pointe de ton pied gauche et n'effleure pas sa croupe en passant ton pied droit de l'autre côté.
→ Assieds-toi légèrement en selle, chausse l'étrier droit et ajuste les rênes.

Te voilà prêt !

À SAVOIR

En montant sur le cheval, évite de tenir la selle à deux mains car cela a tendance à la faire tourner. Il est préférable de te tenir au troussequin avec la main droite, et de prendre une poignée de crins avec la main gauche tout en maintenant les rênes avec cette main.

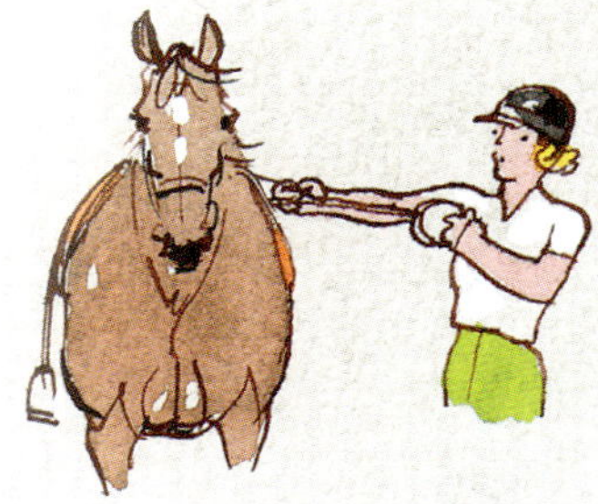

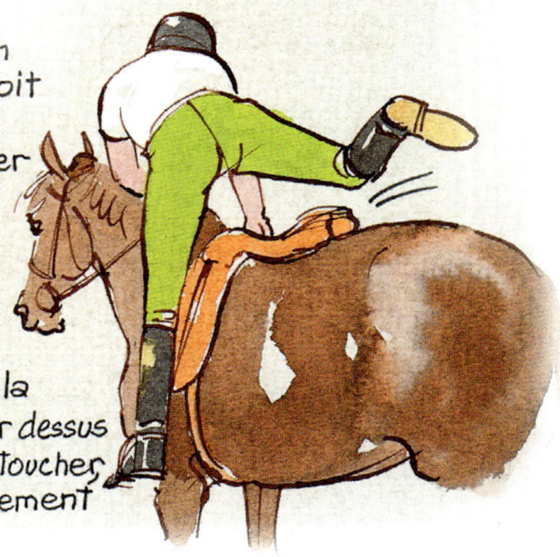

Monter à cheval sans étrier

Pour monter un cheval à cru (sans selle), ou monter sans utiliser les étriers, tu peux sauter ou te faire « donner la jambe » par une personne à pied. Place-toi au niveau de l'épaule gauche du cheval, et ajuste tes rênes :

- Pour sauter à cheval, saisis une poignée de crins avec la main gauche en avant du garrot et mets la main droite sur le pommeau de la selle ou sur le garrot. Prends appel sur les deux pieds, saute et tiens-toi sur tes bras tendus avant de te pencher en avant et de passer ta jambe droite par dessus la croupe.
- Pour monter en te faisant « donner la jambe », présente ta jambe gauche repliée vers l'arrière à une personne qui la saisit au niveau du tibia et t'aide à te hisser en selle.

Assieds-toi toujours doucement pour ne pas heurter le dos du cheval.

Descendre de cheval

- Pour descendre, ajuste tes rênes pour immobiliser le cheval et tiens-les à plat avec la main gauche au niveau du garrot.
- Déchausse les étriers, prends appui avec les deux mains au niveau du garrot, incline ton buste en avant et rejette la jambe droite par-dessus la croupe sans l'effleurer.
- Laisse-toi glisser sur le côté gauche du cheval et mets souplement pied à terre.
- Il reste à passer les rênes par-dessus l'encolure, à remonter les étriers et à dessangler de deux trous.

À SAVOIR

Un exercice de voltige consiste à descendre en passant la jambe droite par dessus l'encolure et à sauter à terre. Fais tenir le cheval, car cette manière de descendre peut s'avérer dangereuse s'il relève brusquement la tête pendant que tu passes la jambe vers l'avant.

Comment tenir les rênes

Tu peux tenir une rêne dans chaque main ou les deux rênes dans une main. En position de travail, les deux rênes sont ajustées et d'égale longueur, conservant constamment un contact doux avec la bouche du cheval.

Une rêne dans chaque main

En partant de la bouche du cheval, la rêne passe sous l'auriculaire (petit doigt), et ressort entre le pouce et l'index. Le pouce est en contact avec la face brillante de la rêne. Les ongles des mains se font face, les pouces vers le haut. Le flot libre des rênes passe à droite entre la rêne droite et l'encolure.

Les deux rênes dans une main

- Lorsque les deux rênes sont tenues d'une manière classique dans la main gauche, le petit doigt les sépare. Les deux rênes superposées sont maintenues entre le pouce et l'index.
- Les deux rênes dans la main droite peuvent être tenues différemment. Avec cette manière moins classique, elles arrivent de la bouche du cheval, sont séparées par l'index et sortent toutes deux vers le bas.

Position des avant-bras

Lorsque tu tiens les rênes, les pouces sont vers le haut, les ongles se font face.
Tes coudes tombent naturellement le long du corps.
Tes avant-bras, tes poignets et les rênes doivent former des lignes droites, sans présenter de cassure au niveau des poignets.

À RETENIR

En tenant les rênes, le pouce prend place sur la face externe des rênes (face brillante). Pouce et index tiennent les rênes et les autres doigts permettent de moduler le contact de la bouche du cheval. Veille à ce que les rênes ne soient pas entortillées.

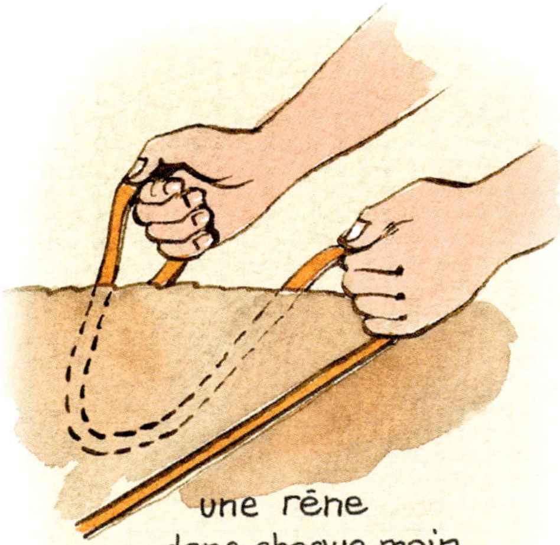

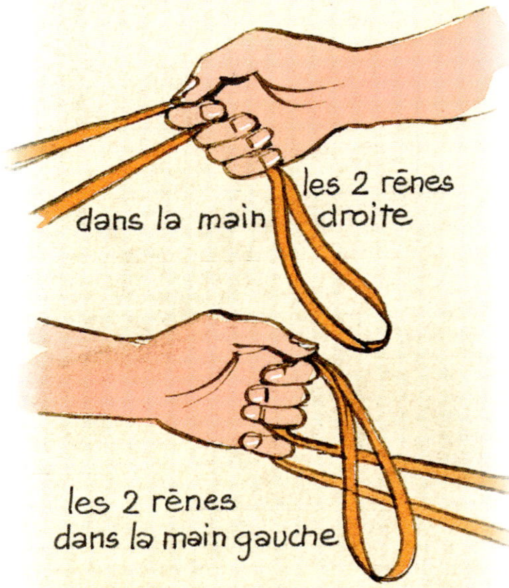

Rechercher son équilibre assis

À cheval, il faut être assis sur le siège de la selle, assez près du pommeau, d'aplomb sur ses deux fesses.
Le buste est d'aplomb, la tête dégagée des épaules, comme lorsque tu te tiens debout. Tes épaules, en position normale, ne doivent pas s'avancer, ce qui arrondirait ton dos.
Tes jambes tombent naturellement, pointes vers le bas lorsque tu es sans étriers, et talons vers le bas lorsque tu as chaussé les étriers.
Les mains sont dirigées dans le prolongement des avant-bras.
Lorsque le cheval est en mouvement, la souplesse de ton bassin et le jeu de tes articulations te permettent de suivre tous les mouvements du cheval.

avec étriers, si tes jambes sont bien placées, tu peux te mettre en suspension sans effort

sans étriers, tes jambes tombent naturellement, sans raideur

S'arrêter

Pour ralentir et s'arrêter, le cavalier agit sur la bouche du cheval par l'intermédiaire du mors et des rênes. Quelle que soit l'allure, l'action doit être progressive, sans à-coup ni brutalité.
Comment procéder :
- ➜ Serre progressivement les doigts sur des rênes ajustées tout en soutenant les poignets, ce qui augmente la tension des rênes.
- ➜ Grandis en même temps ton buste.
- ➜ Conserve les jambes au contact, mais sans serrer, pour que le cheval s'arrête droit.
- ➜ Dès que le cheval a obéi, cède en relâchant légèrement la tension des rênes.

Quelques erreurs à éviter

- ➜ Si tu agis trop brusquement avec les mains, la bouche du cheval en souffre et il peut donner des coups de tête vers le haut.
- ➜ Si le cheval ne sent pas le contact de tes jambes, il peut se mettre de travers en s'arrêtant.
- ➜ Si tu ne relâches pas la tension des rênes lorsqu'il est arrêté, le cheval peut reculer.

À SAVOIR

Si le cheval rechigne à s'arrêter, augmente la tension des rênes. Si tu sens que le cheval est nerveux, parle lui calmement en lui disant : « holà, holà » et en le caressant dès qu'il t'a obéi. Attention à ne pas serrer les jambes en même temps que les doigts (manque d'indépendances des aides).

Partir au pas

bon :
une action de jambes convaincante après avoir desserré les doigts

Les rênes doivent être ajustées pour que le cheval se sente guidé.

- Desserre légèrement les doigts sur les rênes, mais sans les lâcher.
- Pour faire avancer le cheval, agis avec tes jambes, car il a été dressé de cette façon. Tes mollets doivent exercer des pressions simultanées (les deux en même temps) juste en arrière de la sangle.
- Répète énergiquement ces pressions jusqu'à ce que le cheval t'obéisse en se portant en avant, mais sans écarter les jambes pour frapper ses flancs.
- Lorsque le cheval est au pas, laisse ton bassin accompagner les mouvements du cheval en gardant les reins souples.
- Laisse les bras suivre le balancement de l'encolure.
- Si le cheval cherche à s'arrêter, agis immédiatement avec tes jambes.

À ne pas faire

N'agite pas les mains lorsque tu agis avec tes jambes, car tu donnerais deux ordres contradictoires au cheval. En effet, le cheval ne peut pas comprendre que tes jambes lui demandent d'avancer, alors que les à-coups qu'il reçoit dans la bouche l'incitent à s'arrêter.

mauvais :
mains qui s'agitent au rythme d'actions de jambes désordonnées

À SAVOIR

La présence d'une cravache, tenue dans la main, incite le cheval à mieux obéir aux jambes.
Tu peux tapoter avec la cravache au niveau de l'épaule, ou en arrière de tes jambes, mais sans transmettre d'à coup à sa bouche.
La cravache est tenue vers le bas dans la main située du côté intérieur du manège, ce qui incite le cheval à rester sur la piste.

Entretenir le pas

Lorsque le cheval est au pas, il faut l'inciter à continuer à avancer en entretenant son impulsion.

Les chevaux particulièrement mous ont besoin de beaucoup d'actions de jambes pour avancer alors que d'autres se portent vivement en avant, sur une simple pression des mollets.

À toi de doser tes actions en fonction du tempérament du cheval.

Si le cheval ralentit, agis énergiquement avec tes jambes pour qu'il comprenne bien que tu es décidé à te faire obéir.

En allongeant son pas, le cheval a tendance à allonger son encolure en la tendant vers l'avant et vers le bas. Il a donc besoin de rênes plus longues, et tes mains doivent accompagner les mouvements de son encolure.

Conduire sur des courbes larges

Puisque tu sais maintenant mettre ton cheval en mouvement, entretenir son pas et le garder sur la piste, il va falloir apprendre à tourner et à le « conduire sur des courbes larges ». Au niveau du galop 2, on te demandera de le « conduire sur des courbes serrées », ce qui est un peu plus difficile.

Que la courbe suivie par le cheval soit large ou serrée, elle doit être régulièrement arrondie, sans présenter de cassure.

Voici comment procéder pour tourner :

➜ Préparation :
Avant de tourner ajuste tes rênes, à la même longueur et entretiens le mouvement en avant avec tes jambes car, en tournant, le cheval a tendance à ralentir.

➜ Comment tourner à droite :
Les différentes manières de tourner sont étudiées en détail au galop 3.
À ton niveau, il suffit de regarder vers la droite en tournant en même temps les épaules légèrement vers la droite.

• Pivote le poignet de la main droite pour diriger les ongles vers le haut. Porte cette main vers la droite, en suivant le mouvement de ton buste. Le bout du nez du cheval est attiré vers la droite. L'encolure s'arrondit vers la droite et le cheval tourne dans ce sens.

• En portant ta main droite vers la droite, ta main gauche avance, pour permettre à l'encolure de s'arrondir.
En écartant plus ou moins la main droite, tu règles le tracé de la courbe.
Pour tourner à gauche, agis de la même manière, mais en sens inverse.

regarde dans la direction où tu veux aller, pour que ta demande soit naturelle

ERREURS À ÉVITER

Surtout, ne tire pas en arrière avec les mains car la bouche du cheval en souffre et tu le ralentis. Les actions de mains doivent être douces, sans brutalité.

AU TROT

Découvrir son équilibre

En observant le cheval au trot, tu peux constater qu'en trottant il se projette vers le haut par alternance. Le cavalier en selle ressent ces mouvements brusques et inconfortables qui n'existaient pas au pas. Il faut une certaine habitude pour arriver à trotter en restant assis, en absorbant ces à-coups par le jeu de ton bassin.

Il faut donc apprendre à « trotter enlevé » en te dégageant de la selle, en rythme avec les mouvements du trot.

Pour pouvoir se dégager de la selle, il faut, comme au pas, te mettre au-dessus de tes pieds en inclinant légèrement le buste en avant sans arrondir ton dos. Après avoir découvert cette position en équilibre au pas, mets ton cheval au trot.

Comme au pas, tu peux prendre appui avec les mains en avant du garrot tout en conservant les rênes ajustées.

À SAVOIR

Pendant les longues courses d'endurance, certains cavaliers restent constamment en équilibre au dessus des étriers pour fatiguer le moins possible le dos de leur cheval.

S'équilibrer sur les étriers

Après t'être mis en selle, vérifie la longueur des étrivières. Celle-ci est variable en fonction de l'activité pratiquée.
En règle générale : le plancher de l'étrier (partie la plus basse) doit arriver sensiblement au niveau de la cheville lorsque la jambe tombe naturellement, étrier déchaussé.

Comment chausser les étriers

En pendant naturellement, le plancher des étriers se place parallèlement à l'axe du cheval. Pour introduire les pieds directement dans les étriers sans te servir de tes mains, il suffit de lever les pointes des pieds et de les tourner vers l'intérieur en direction du cheval. Vérifie que les étrivières sont bien disposées à plat contre tes jambes.

Position des pieds dans les étriers

L'étrier ne doit pas être chaussé à fond, mais à environ un tiers du pied. Dirige les pointes des pieds vers l'avant, et non sur les côtés.
En décontractant les jambes, celles-ci descendent naturellement : « talons bas », c'est la bonne position.

Au fil des séances, le rythme de ton trot enlevé devient de plus en plus régulier et tu es de plus en plus stable.

À SAVOIR

Lorsque tu es en équilibre sur tes étriers, ta souplesse générale est obtenue par le jeu des articulations des hanches, des genoux et des chevilles. Ces dernières jouent un rôle d'amortisseur.

Partir au trot

En augmentant sa vitesse, le cheval qui marche au pas passe naturellement au trot. Au pas, les rênes doivent être ajustées pour que le cheval se sente guidé.
Pour partir au trot, desserre légèrement tes doigts, et agis avec les deux jambes en même temps, par des pressions progressives. Le cheval allonge le pas et passe au trot si tes actions de jambes sont suffisamment nettes.
Tu ressens ce passage du pas au trot par des secousses rythmées sur l'allure du cheval.
Il faut absolument éviter d'agiter tes mains, pour ne pas transmettre d'à-coups à la bouche du cheval.
Pour amortir les secousses, il est préférable de trotter enlevé.
Mais si tu restes au trot assis, ne te penche surtout pas en avant, car tes reins ne pourraient pas amortir les secousses du trot. Au trot assis, il faut rejeter les épaules en arrière et laisser jouer la souplesse des reins, tout en étant assis le plus en avant possible sur la selle.

À SAVOIR

Au trot assis, certains chevaux sont plus confortables que d'autres. Pour « travailler ton assiette », il est indispensable de faire régulièrement des séances de trot assis, même si cela te semble inconfortable au début. C'est en montant souvent que tu prendras de l'aisance et de la fixité à cheval.

Entretenir le trot

Tout en conservant une distance équivalente à la longueur d'un cheval avec celui qui te précède,
ne laisse pas le cheval quitter la piste ou repasser au pas. Que tu sois au trot assis ou au trot enlevé,
il faut garder les mollets au contact du cheval et agir chaque fois qu'il ralentit. Ne lui laisse pas l'occasion de désobéir. Tes actions de jambes doivent être très progressives, car si tu agis trop fort, le cheval peut accélérer brutalement et partir au galop. Tu dois trotter à vitesse régulière, en accord avec les autres cavaliers de la reprise.

en reprise, reste à ta place
et garde tes distances
pour éviter le désordre

Revenir au pas

Si tu es au trot enlevé, ralentis le cheval en serrant les doigts sur les rênes. Lorsqu'il ralentit suffisamment son trot, redresse ton buste, reste quelques foulées au trot assis tout en continuant à serrer les doigts sur les rênes pour que le cheval continue à ralentir. Il passe alors progressivement au pas.
Lorsqu'il est au pas, ouvre tes doigts pour lui permettre d'allonger son encolure, mais garde le contact avec sa bouche. Accompagne avec tes mains les mouvements de l'encolure.
Les jambes restent au contact, car le cheval doit conserver un pas actif. Toutes les actions de mains doivent être douces et progressives.

À SAVOIR

Tu as certainement remarqué qu'il est plus difficile de faire obéir un cheval en « travaillant individuellement » qu'en se suivant en reprise. Instinctivement, les chevaux ont en effet tendance à se suivre et à imiter les attitudes de leurs compagnons.

Découvrir son équilibre

En augmentant sa vitesse, le cheval qui trotte passe naturellement au galop par « allongement d'allure ».
Au galop, le dos du cheval effectue un mouvement de bascule que le cavalier doit accompagner.
Il y a deux manières de galoper :

→ En restant assis en contact avec le cheval, garde le buste d'aplomb.
→ En se mettant en équilibre au dessus des étriers.

Pour trouver ton équilibre au **galop assis** sans décoller de la selle, tu dois maintenir le dos droit sans t'appuyer sur les étriers. La souplesse de ton bassin et le libre jeu de tes articulations te permettent de suivre les mouvements du dos de ta monture.
Au galop, il est difficile de suivre les mouvements de bascule. Il est alors préférable de **galoper en suspension** ; raccourcis les étrivières de deux trous au minimum. Recule un peu les jambes, baisse tes talons, avance la ceinture, incline légèrement le buste en avant sans l'arrondir. Plus les étriers sont courts, plus tes articulations sont fléchies et plus le buste doit être incliné en avant.
Les rênes sont ajustées, mais les mains doivent accompagner les mouvements de l'encolure.
Les jambes entretiennent le galop.

En pratique

Dans un manège, pour apprendre à galoper assis, tu peux :

→ Tenir le pommeau de la selle avec la main intérieure en rallongeant cette rêne.
→ Garder le cheval sur la piste en raccourcissant légèrement la rêne extérieure.
→ Agir avec tes jambes pour garder le cheval au galop, sans te pencher en avant.

galop assis
en souplesse

galop en suspension
et en souplesse

À SAVOIR

Naturellement, le cheval se met légèrement de travers au galop : on dit qu'il se traverse. Veille à ce que le cheval ne profite pas de ton manque d'équilibre pour faire un écart ou quitter la piste.

ABORDER, METTRE UN LICOL, ATTACHER

Aborder

Les chevaux ont des caractères différents, mais restent souvent craintifs. Quelle que soit la situation, préviens le cheval de ton arrivée en lui parlant calmement, pour éviter de le surprendre. Il est préférable de l'aborder du côté gauche car il en a l'habitude. Suivant les cas, respecte les précautions suivantes.

Aborder un cheval attaché

S'il est attaché dans une stalle ou contre un mur, appelle-le par son nom pour ne pas le surprendre. Approche-toi de sa tête en passant de préférence du côté gauche, mais ne reste pas derrière lui. Ne te laisse pas coincer contre le bat-flanc ou le mur: pousse-le sans brusquerie pour qu'il libère le passage.

Aborder un cheval dans un box

Après être entré dans le box, évite de laisser la porte ouverte, car il pourrait s'échapper. Dirige-toi vers sa tête, et ne te laisse pas coincer contre le mur ou dans un coin.

Aborder un cheval en pâture

Avance doucement vers lui en lui parlant pour ne pas l'effaroucher. Tends la main en lui présentant éventuellement une friandise pour le mettre en confiance. Surtout ne cours pas, car il sera toujours plus rapide que toi. Dirige-toi vers sa tête et passe-lui le bras, ou la corde du licol, autour de l'encolure. Mets ensuite le licol.

PRÉCAUTIONS

Ne te laisse pas bousculer et, dans un groupe, fais attention aux querelles de chevaux. Face à un cheval irritable, reste ferme et ne te laisse pas impressionner. Reste toujours calme et n'inquiète pas le cheval en criant et en gesticulant.

Mettre un licol et attacher

Le licol permet de conduire le cheval en main et de l'attacher avec une longe.

Comment mettre le licol

Préparer le licol

Avant d'aborder le cheval, déboucle le licol. Prends dans la main droite la longue lanière (dessus de tête) et dans la main gauche la muserolle du licol. La longe peut être passée au bras pour ne pas traîner par terre. Place-toi du côté gauche du cheval, près de la tête. Présente le licol en passant la main droite, du côté droit de sa tête. Engage la muserolle autour de son nez avec la main gauche. En même temps, la main droite passe l'extrémité du dessus de tête par dessus la nuque, juste derrière les oreilles. Il reste à boucler le licol avec les deux mains et à vérifier son réglage. Des modèles particuliers, en corde, sont équipés d'un système de boucle à crochet.

1

2

Ajuster le licol

La muserolle est ajustée à mi-chanfrein sans comprimer les naseaux et sans être trop serrée, ce qui gênerait l'ouverture de la bouche. Un licol trop petit ou bouclé trop court comprime la gorge et le chanfrein et gêne la respiration. Trop lâche, il ne tient pas en place.

licol trop petit

licol trop grand

ERREURS À ÉVITER

La muserolle est ajustée à mi-chanfrein sans comprimer les naseaux et sans être trop serrée, ce qui gênerait l'ouverture de la bouche. Un licol trop petit ou bouclé trop court comprime la gorge et gêne la respiration. La têtière doit prendre place juste derrière les oreilles.

Attacher le cheval

Certains chevaux supportent mal d'être attachés, surtout lorsqu'ils sont seuls. Ils peuvent tirer dangereusement sur la longe pour essayer de se libérer. On dit dans ce cas qu'ils « tirent au renard ». Voici les principales précautions à respecter :

Où l'attacher ?

N'attache pas un cheval n'importe où. L'endroit doit permettre de circuler librement autour de lui. Ne l'attache pas dans un endroit de passage ou trop près d'un autre cheval.
Dans la nature, il est préférable de nouer la longe à une branche souple pour laisser un peu de liberté au cheval. Vérifie qu'aucun objet dangereux tout autour ou sur le sol ne peut blesser le cheval.

Quelle hauteur d'attache ?

Un cheval attaché trop bas risque de se prendre un antérieur dans la longe, de paniquer et de se faire une dangereuse « prise de longe ». La bonne hauteur du point d'attache correspond à la hauteur de l'anneau du licol lorsque le cheval prend une position normale. Il est préférable de l'attacher un peu trop haut que trop bas. Les anneaux d'attache utilisés pour toutes les tailles de chevaux, doivent être placés à environ 1,30 m de hauteur, voire plus haut.

Quelle longueur de longe ?

Attaché trop long, le cheval peut se prendre un antérieur dans la corde. À l'inverse, il peut se sentir prisonnier d'une longe trop courte qui manque d'élasticité. La longueur d'attache doit être un peu plus longue que la longueur de ton bras (environ 80 cm).

PRÉCAUTIONS

En nouant la longe, ne laisse pas tes doigts dans la boucle, car le cheval peut la resserrer brusquement en tirant. Dans la nature, les randonneurs attachent plusieurs chevaux sur des lignes tendues entre deux arbres. Cela évite que les chevaux enroulent leur longe autour des arbres ou rongent l'écorce.

Le nœud d'attache

Le nœud d'attache a l'avantage de se défaire par une simple traction sur l'extrémité libre de la longe. Entraîne-toi plusieurs fois à le nouer. Pour éviter que le cheval se détache en jouant avec l'extrémité de la longe, tu peux terminer ton nœud par des bouclettes.

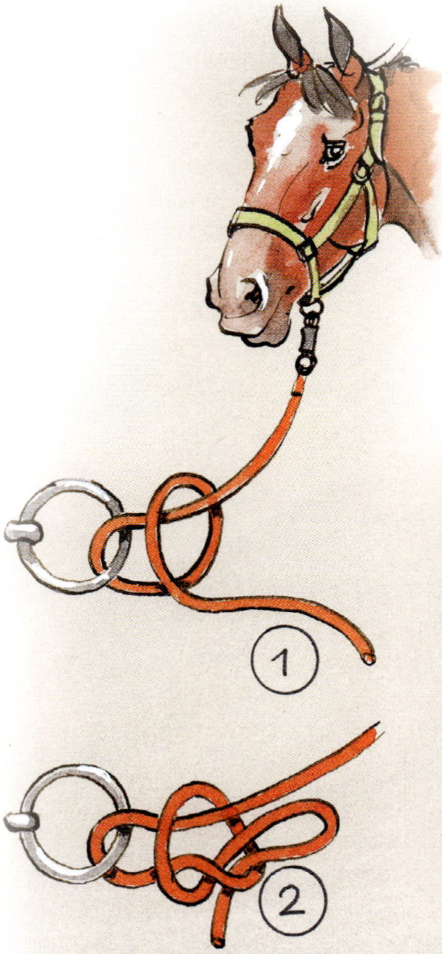

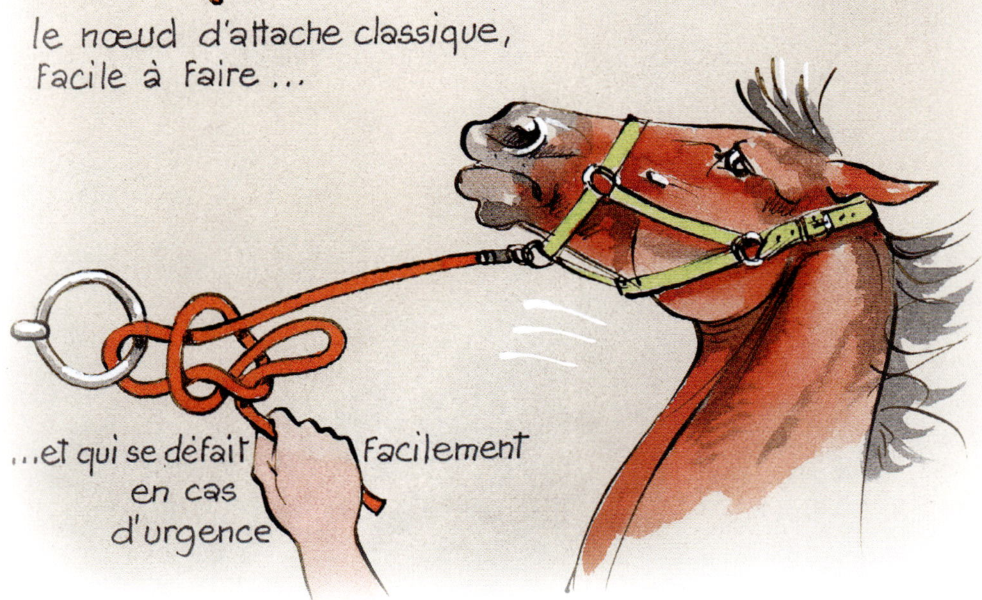

EFFECTUER UN PANSAGE ÉLÉMENTAIRE

Le cheval que tu montes doit être propre. Le pansage nettoie le poil, démêle les crins, masse le cheval et lui procure une sensation agréable qui renforce votre complicité. C'est également l'occasion de vérifier que tout va bien, et qu'il n'est blessé nulle part.

Quand panser le cheval

Il faut panser le cheval avant de le monter, mais quelques soins sont également nécessaires après le travail.

Pansage élémentaire

Curer les pieds

- ➜ Cure les pieds à l'intérieur du box, ce qui évite de salir la cour du club avec les « galettes de fumier » collées sous les sabots. Les pieds doivent être également curés au retour du travail pour s'assurer qu'un éventuel caillou n'est pas coincé sous le sabot.
- ➜ Pour lever les pieds, place-toi de côté, tourné vers l'arrière. Glisse ta main le long du membre et soulève le pied.

Ensuite :

- ➜ Pour un **antérieur**, plie le membre en le soulevant et tiens-le fermement au niveau du sabot.
- ➜ Pour un **postérieur**, soulève le pied en le tenant par le paturon, recule-le et pose-le éventuellement sur ton genou.

Avec le cure-pieds, cure alors les lacunes latérales et dégage complètement la sole.

Chaque fois que tu lèves un pied, dis au cheval : « donne », ou « pied ». Il s'habitue alors à donner son pied lorsque tu le lui demandes.

Tout en restant à la gauche du cheval, tu peux l'habituer à donner ses 4 pieds de ce côté.

PRÉCAUTIONS

Pour inciter le cheval à soulever son pied, une astuce consiste à tirer sur le fanon ou à pincer au dessus du boulet. Retire ton propre pied avant de lâcher le sabot. En soulevant un pied, surtout laisse- le dans l'axe du cheval sans le tirer sur le côté, ce qui fait souffrir le cheval. Le cheval ne doit pas s'appuyer sur toi, il doit trouver son équilibre sur ses trois autres membres.

étrilles en métal ou en caoutchouc

l'étrille décrasse en profondeur

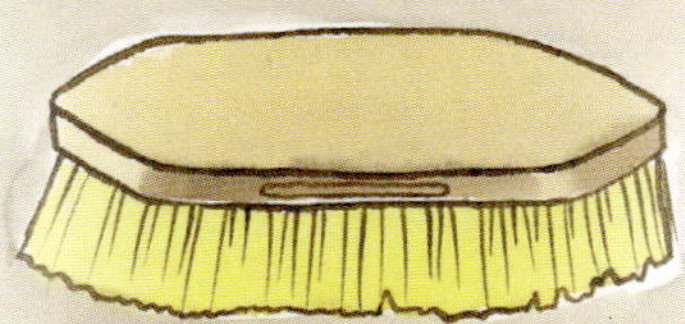

le bouchon

Étriller, bouchonner

Étriller

Si le cheval est très sale, il faut passer l'étrille sur toutes ses parties charnues (parties musculaires) en évitant les endroits sensibles (parties osseuses et tendons). L'étrille décrotte la peau et masse le cheval. Elle est passée en appuyant. Les mouvements circulaires décollent le poil en profondeur. Pendant le pansage, enlève régulièrement les poussières accumulées dans l'étrille en la frappant sur le sol ou contre le bois de la brosse.

Bouchonner

Le pansage sommaire continue avec un bouchon (brosse en chiendent ou en plastique) passé sur tout le corps. Il nettoie le poil et le débarrasse des pellicules de peau morte. Il faut appuyer fort sur la brosse en donnant un coup à rebrousse-poil pour décoller les poussières et un coup dans le sens du poil pour le rabattre. N'oublie pas la face intérieure des membres. Tu peux ensuite passer la brosse douce sur la tête, terminer le pansage et faire briller le poil.

Brosser les crins

Il reste à brosser les crins et la queue. Tiens la queue dans la main gauche et lâche progressivement des mèches que tu brosses l'une après l'autre pour démêler les crins.
Tu peux également laver la queue dans un seau.

Au retour du travail, si ton cheval est mouillé par la transpiration, frotte-le vigoureusement avec une poignée de paille pour sécher son poil. Change de paille dès qu'elle est mouillée.
Le pansage complet figure au galop 2.

À SAVOIR

Certains chevaux chatouilleux ne supportent pas l'étrille. Dans ce cas, utilise uniquement une étrille en caoutchouc ou la brosse.
En brossant la tête, fais bien attention à ne pas blesser les yeux.
Si la poussière provenant du cheval t'incommode, préviens le moniteur et tes parents car certaines personnes y sont allergiques.

AMENER SA MONTURE EN FILET EN MAIN SUR LE TERRAIN

Lorsque le filet est en place, il faut emmener en main le cheval dans le manège ou dans la carrière. Remonte les étriers pour éviter qu'ils battent contre les flancs du cheval. Défais le licol placé en attente par-dessus le filet.

Mener le cheval avec les rênes

Il y a deux manières de le mener :

➜ Soit en laissant les rênes sur l'encolure, ce qui évite de les laisser pendre. Il suffit dans ce cas de tenir la rêne gauche, ou les deux rênes, avec la main droite, à une quinzaine de centimètres de la bouche.

➜ Soit en tenant normalement les rênes avec les deux mains de la façon suivante : place-toi à sa gauche et défais le licol ;
  - Avec la **main droite**, tiens les deux rênes à environ 15 cm de sa bouche, de façon à ne pas la comprimer.
  - Avec la **main gauche,** tiens l'extrémité du flot des rênes (extrémité libre). Pour éviter que les rênes glissent dans la main, tu peux passer le pouce entre les deux rênes au niveau de la boucle.

Où te placer

Marche à gauche du cheval, au niveau de son épaule et règle ta vitesse sur la sienne. Si le cheval refuse d'avancer, incite-le à marcher avec la voix, mais ne tire pas sur les rênes car, par réaction, il tirerait vers l'arrière. Dans un passage étroit, mets-toi devant lui tout en tenant les rênes. Surtout ne le laisse pas te dépasser. Ensuite, reprends ta position normale, à côté de son épaule. À l'extérieur, dans les pentes et les chemins étroits, il est préférable de mener le cheval avec la longe du licol, laissé sous le filet. Les rênes restent sur l'encolure, coincées sous les étriers.

PRÉCAUTIONS

Ne te laisse pas marcher sur les pieds ou bousculer si le cheval fait un écart. Ne te laisse pas dépasser par le cheval, car tu aurais du mal à le retenir. En marchant, ne le regarde pas, car cela l'incite à s'arrêter. S'il cherche à s'arrêter pour manger de l'herbe, ne t'arrête pas et tiens-lui la tête haute.

Avant de monter

Arrête-toi, passe les rênes par-dessus l'encolure, descends les étriers et tiens les rênes correctement.

Place-toi au niveau de la tête du cheval, car cela le sécurise.

Ne monte pas à cheval tant que ton moniteur ne t'y invite pas.

DÉBRIDER, DESSELLER

Après avoir mis pied à terre, il faut ramener le cheval à l'écurie, le débrider et le desseller.

Dans quel ordre procéder

- → Si le cheval doit être attaché en stalle ou à un anneau, passe le licol en collier autour de l'encolure sans enfermer les rênes. Commence par débrider le cheval. Mets ensuite le licol en place avant de desseller.
- → Si le cheval est en box, il est préférable de le desseller d'abord car tu as besoin du filet pour le tenir.

Comment débrider

Place-toi du côté gauche, passe les rênes à ton bras ou sur l'épaule. Déboucle la muserolle s'il y en a une et la sous-gorge. Glisse ensuite la têtière vers l'avant en touchant le moins possible les oreilles. Porte le bridon à ton bras ou à l'épaule pour avoir les mains libres. Ne range pas le mors sans l'avoir nettoyé et suspends le filet correctement.

PRÉCAUTIONS

Sur le porte-selle, mets la sangle sous la selle, car son humidité endommagerait le siège (dessus de la selle). S'il n'y a pas de porte-selle, mets la selle par terre sur le tapis, le troussequin appuyé délicatement contre le mur (mets la sangle entre la selle et le troussequin). Ne laisse pas traîner les rênes ou la sangle lorsque tu portes le matériel.

Comment desseller

Vérifie que les étriers sont remontés et place-toi à gauche du cheval. Déboucle la sangle en évitant qu'elle frappe les tendons en tombant. Va ensuite à droite en passant sous l'encolure et mets la sangle sur la selle. Reviens à gauche, prends la selle à deux mains et soulève-la légèrement pour pouvoir l'enlever. Avec un peu d'habitude, tu apprendras à rabattre directement la sangle sur la selle tout en restant à gauche.

Ranger le filet et la selle

Autant que possible, ne pose pas la selle ou le filet par terre. Sur le porte-selle, tu peux enlever le tapis pour le mettre à sécher et brosser la terre collée sur la sangle. Nettoie le mors du filet avant de le suspendre au bon endroit, dans la sellerie du club. Si tu constates que le harnachement est abîmé, signale-le à ton moniteur.

Contrairement à la plupart des sports, l'équitation fait intervenir un animal vivant, dont on ne maîtrise pas toujours les réactions. L'apprentissage du cavalier va donc de pair avec la connaissance du cheval. Prudence oblige, il faut également respecter les mesures de sécurité décrites tout au long de ce manuel. Mais, comme dans tous les sports, tu auras à faire face à des problèmes qui sont rarement graves. Voici les principaux :

Les courbatures douloureuses

Dans les jours qui suivent les premières leçons d'équitation, le cavalier peut souffrir de courbatures. Elles disparaissent d'elles-mêmes après quelques jours.
L'explication en est qu'à cheval, le cavalier utilise des muscles qui n'ont pas l'habitude de travailler.
Si le mal persiste, il faut consulter un médecin. En montant régulièrement, les courbatures s'estompent progressivement.

Le mal de fesses

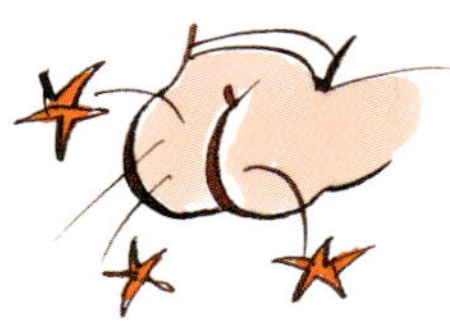

La peau sensible des fesses et des mollets subit des traumatismes dus aux chocs répétés et aux frottements. Une culotte de cheval, des sous-vêtements et des bottes adaptés devraient limiter les dégâts en attendant que les peaux sensibles s'endurcissent. Ton médecin te prescrira des pommades efficaces.

Les problèmes de dos (lombalgies)

Il est rare qu'une pratique modérée de l'équitation provoque des douleurs au dos. Au contraire, le cavalier amateur se sent souvent « bien dans son dos » en pratiquant ce sport. Il faut cependant respecter les phases normales de fatigue de l'adolescent ou du jeune cavalier. Des sports complémentaires comme le cyclisme, la course à pied ou la natation sont préconisés pour développer l'endurance à l'effort.

Attention aux allergies

En brossant un cheval, surtout à l'intérieur du box, les yeux des cavaliers peuvent couler et piquer. Ce sont des signes d'allergie aux poussières propres au cheval.
Il faut en parler au moniteur et panser le cheval dehors. Si cela se reproduit, il faut en parler au médecin.

Mal au ventre ?

Jeune ou moins jeune, il peut arriver que le cavalier ait mal au ventre avant de monter. Il s'agit certainement de crispations dues à l'anxiété.
Il faut en parler à son moniteur, qui connaît bien ce problème, car de nombreux cavaliers éprouvent temporairement des réactions d'anxiété.
Il reste à se remettre en confiance !

CONSEILS PRATIQUES

Les accidents à la tête sont les plus graves en équitation. Il est donc indispensable de porter une bombe-casque réglementaire dans toutes ses activités à cheval.
En hiver, les mains et les pieds du cavalier souffrent souvent du froid : mets des gants et des chaussettes chaudes.
Un cavalier qui a froid manque de souplesse. Il faut donc s'habiller en conséquence et se protéger du froid et de la pluie.
En été, il faut mettre la peau à l'abri des ardeurs du soleil.

LES PARTIES PRINCIPALES DE L'EXTÉRIEUR DE SA MONTURE

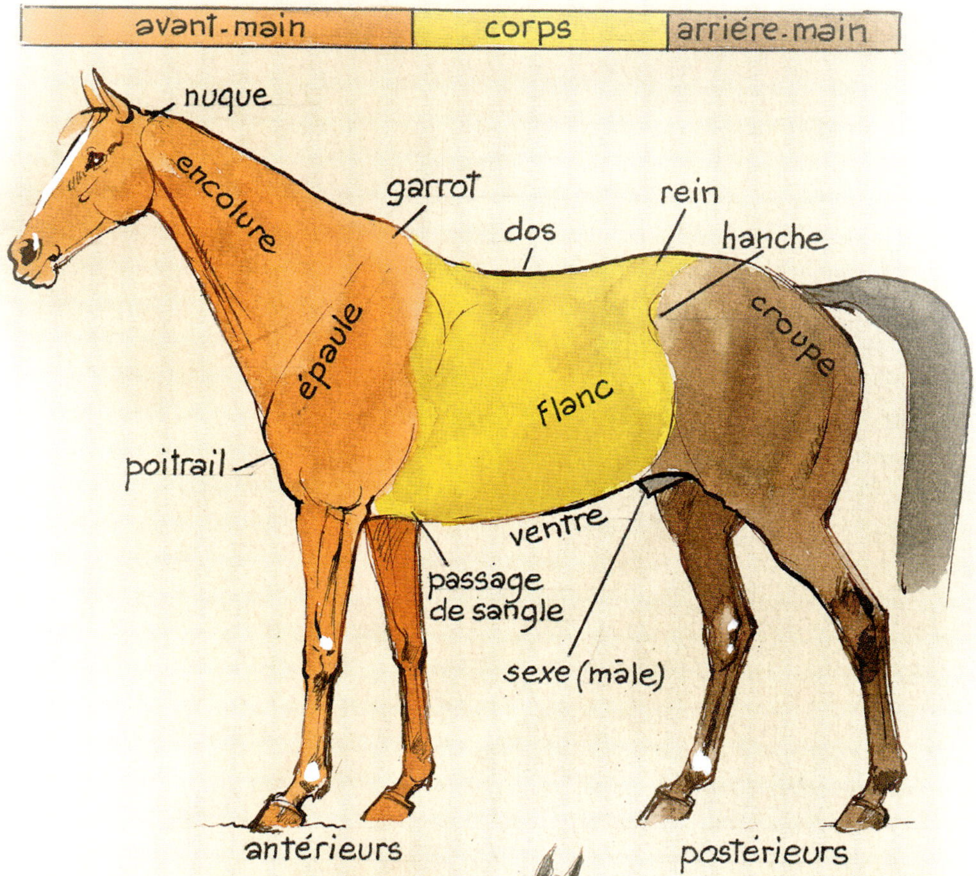

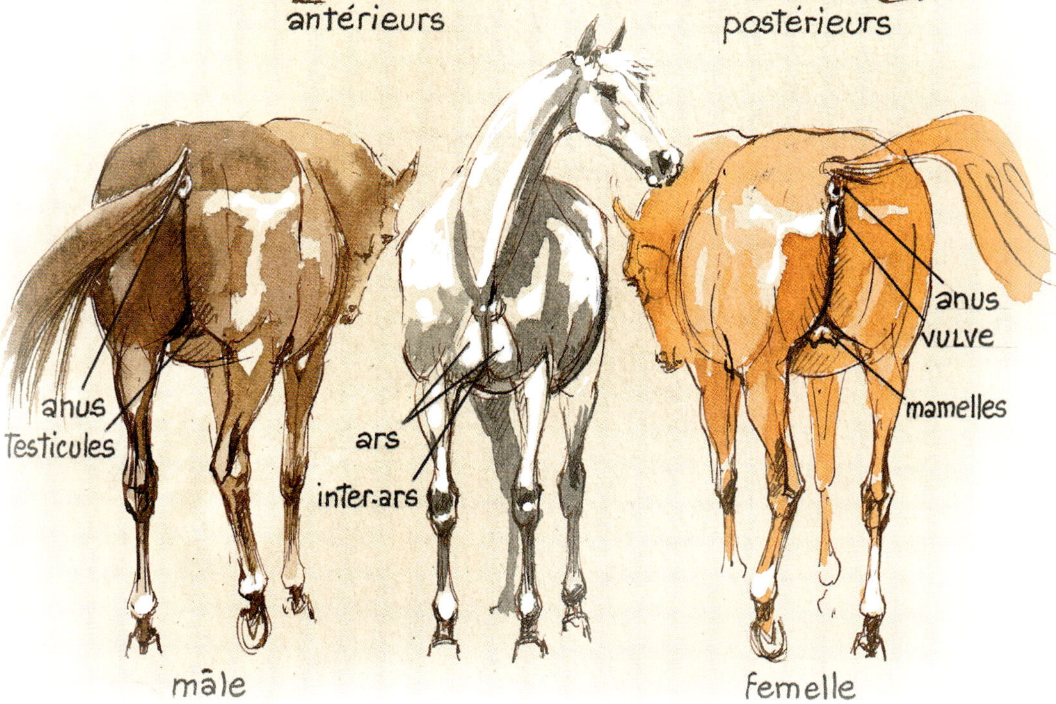

Les robes sont définies par les couleurs des poils, des crins, de la peau, par des yeux, ainsi que par les formes des plaques de poils de couleurs différentes.
Pour réussir le galop 1, tu dois connaître les plus courantes.

Les robes de base

Nom des robes	Poils	Crins	Peau	Yeux	Famille de base
Noir	noirs	noirs	noire	foncés	Famille du noir
Noir pangaré	noirs + fauves	noirs	noire	foncés	
Bai	fauves	crins et extrémités noirs	noire	foncés	Famille du bai
Isabelle	jaunâtres	crins et extrémités noirs	noire	foncés	
Souris	cendrés	gris à noirs	noire	foncés	
Alezan	fauves	fauves	claire	foncés	Famille de l'alezan
Alezan brûlé	café noir	café noir	noire	foncés	
Café au lait	café au lait	café au lait	claire	foncés	
Palomino	fauve doré	argent	noire ou grise	foncés	
Blanc	blancs	blancs	rose	foncés	Robe de base indéterminable
Crème	crème	blancs à gris	rose	clairs	
Gris	blancs	blancs + couleur	noire + couleur	foncés	
Chocolat	chocolat	chocolat	foncée	foncés	

Les mélanges de poils

Nom des robes	Poils	Crins
Noir granité ou gris fer	blancs dans robe noire	Mélange de poils blancs
Bai granité ou Rouan	blancs dans robe baie	
Alezan granité ou Aubère	blancs dans robe alezane	
Grisonnant	mélange évolutif de poils	
Fumé	robe de base + fumé	Semis de poils noirs ou extrémités des poils noirs
Louvet	poils noirs dans une robe isabelle	

Les panachures

Nom des robes	Robes	Sous-ensemble
Pie tobiano, pie overo, pie sabino, pie balzan, pie tovero	formes et emplacements différents des plages blanches	Robes pies
Léopard, tacheté, cape, marmoré, rayé ou bringé	taches et plages variables de couleur	Robes tachetées

NOTIONS DES DIFFÉRENTES ACTIVITÉS ÉQUESTRES

En passant tes galops, tu vas progresser en équitation. Tu pourras ensuite pratiquer une compétition ou plus simplement monter à cheval pour tes loisirs. Voici les principales disciplines équestres :

Les disciplines olympiques

- Le **concours de saut d'obstacles** (CSO), appelé souvent concours hippique, consiste à sauter, dans un temps donné, des obstacles disposés sur un parcours sans faire tomber les barres.
- Dans le **concours de dressage**, le cavalier effectue aux trois allures un ensemble de figures imposées.
- Le **concours complet d'équitation** (CCE) comprend une reprise de dressage, un ou plusieurs parcours de fond (cross) et un parcours de saut d'obstacles.

Autres disciplines

- Le **concours d'attelage** à un, deux ou quatre chevaux comprend une reprise de dressage, un marathon sur obstacles naturels fixes et un parcours de maniabilité.
- Dans la **voltige** en ligne droite ou en cercle, le cavalier doit exécuter des figures imposées.
- Les **courses d'endurance** se déroulent sur des parcours de 30 à 160 km jalonnés de contrôles vétérinaires.
- Le **tourisme équestre** se pratique en randonnée. Le TREC est un ensemble d'épreuves de « Techniques de Randonnée Équestre de Compétition ».
- Les **« pony games »** sont des jeux équestres d'adresse très prisés en Angleterre.
- La **monte en amazone** est une équitation féminine qui se pratique avec des selles à fourches.
- L'**équitation américaine** comporte de nombreuses disciplines basées sur l'équitation de **travail**.
- Le **horse ball** se pratique avec un ballon muni d'anses. C'est une forme de basket-ball à cheval.
- Au **polo**, deux équipes frappent une balle en bois pour l'envoyer dans le but adverse, en suivant des règles précises.

À SAVOIR

La plupart des disciplines et activités équestres peuvent être pratiquées à cheval et à poney. En équitation sportive, des compétitions sont organisées au niveau départemental, régional, national et international : olympique et championnat du monde. Des examens spécifiques sont mis en place dans plusieurs disciplines équestres.

Dans le club, de nombreux incidents ont lieu à l'écurie par négligence des cavaliers. Voici 7 règles élémentaires à respecter pour éviter la plupart des accidents :

❶ À cheval, protège ta tête (bombe-casque), tes jambes (bottes ou mini-chaps).
Ne porte pas de chaussures sans talons, car ton pied peut passer à travers l'étrier.

❷ N'aborde jamais un cheval sans précautions. Ne le surprends pas et ne passe pas derrière lui car il peut botter ou te bousculer s'il se croit agressé.
Relis « Comment aborder », page 26.

❸ En sortant ou en entrant dans un box, ouvre la porte en grand et précède le cheval pour ne pas te faire coincer.

❹ Méfie-toi des réactions et des querelles des chevaux entre eux, car un sujet docile peut se montrer agressif avec les autres chevaux, particulièrement au moment de la distribution de nourriture.

❺ A cheval ou à pied, il faut conserver tes distances avec les autres chevaux : arrêter les chevaux l'un à côté de l'autre sur la ligne du milieu du manège. En reprise, conserve une distance égale à la longueur d'un cheval avec celui qui te précède.

❻ En lâchant un cheval en pâture, sois prudent car il peut botter par enthousiasme en reprenant sa liberté.

❼ Ne chahute pas à proximité des chevaux car ils ont besoin de calme. Signale tout ce qui te semble anormal au moniteur.

À SAVOIR

Ne laisse jamais un cheval en liberté, sauf dans son box ou dans sa pâture. Respecte les personnes à pied, garde ta place en promenade et suis les conseils de celui qui te conduit.

LE MATÉRIEL DE PANSAGE ÉLÉMENTAIRE

Relis le chapitre sur le pansage élémentaire page 31. Les instruments employés sont : le cure pied, l'étrille et le bouchon (brosse).

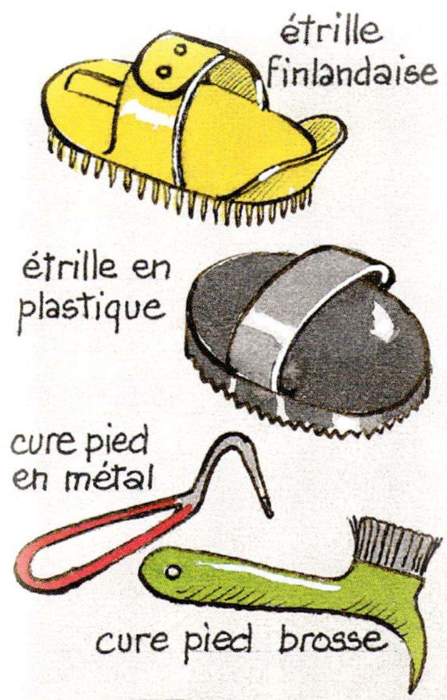

Le cure-pied

Comme son nom l'indique, il sert à enlever tous les corps étrangers accumulés sous les sabots. Il existe des modèles en métal ou en plastique. Le crochet du cure-pied doit être solide sans être pointu, pour ne pas abîmer la sole. Le manche doit permettre de tenir le cure-pied bien en main. Les modèles sont nombreux, certains d'entre eux sont équipés d'une petite brosse qui sert à nettoyer la sole avant de graisser les sabots.

À SAVOIR

Ne laisse pas traîner le matériel de pansage. Les instruments qui appartiennent au club doivent être rangés à des endroits prévus par le moniteur. Dans certaines écuries, chaque cheval a ses propres instruments de pansage dans le but d'éviter des contagions : transmission des maladies de peau par exemple.

L'étrille

Elle sert à décrotter les parties charnues du cheval. Les modèles en plastique sont les plus courants : étrille crantée et étrille finlandaise. En choisissant une étrille, vérifie que sa taille est bien adaptée à celle de ta main.

Le bouchon (brosse)

Il sert à nettoyer le cheval. Les poils du bouchon peuvent être en plastique ou en chiendent naturel (herbe rigide).
Avant de se servir d'un bouchon neuf en chiendent, il est conseillé de le laisser tremper dans de l'eau pour assouplir les brins.
Pour pouvoir être utilisé correctement, la taille du bouchon doit permettre une bonne prise en main.

Caisse ou sac de pansage

Le matériel de pansage est mis dans un sac de pansage ou dans une caisse qui peut être transportée facilement. Il est possible de monter sur une caisse fermée pour accéder aux parties hautes du cheval.

le pansage est une bonne école de confiance et de connaissance

Tu peux aussi t'entraîner avec le CD-Rom inclus.

1 Un seul de ces cavaliers tient ses rênes correctement. Lequel ?

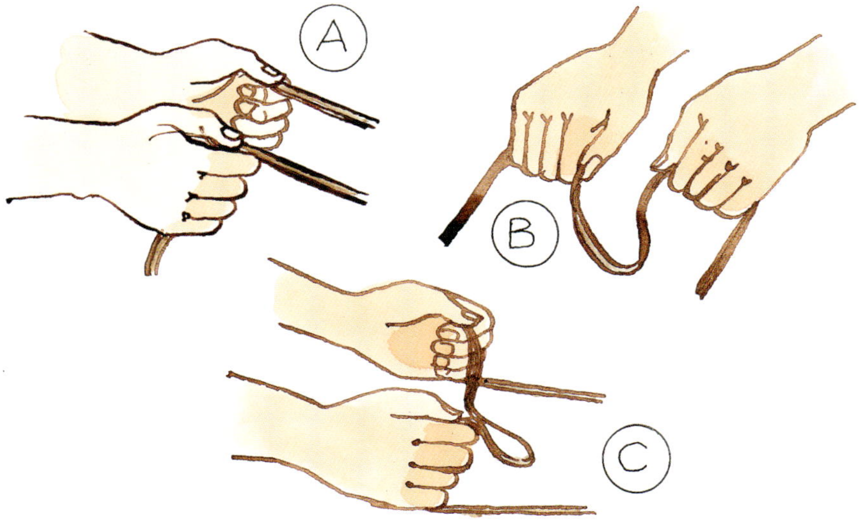

A ❑

B ❑

C ❑

2 Ce cavalier ne réussira certainement pas son premier galop s'il ne corrige pas ses erreurs. À toi de trouver ce qui ne va pas.

A ❑ Il ne tient pas correctement ses rênes.

B ❑ Ses jambes sont trop reculées.

C ❑ Son buste est trop penché en avant.

D ❑ Ses étriers sont chaussés à fond.

E ❑ Il ne porte pas de bombe.

F ❑ Il ne tient pas correctement sa cravache.

3 Pour ralentir et arrêter un cheval, il faut :

A ❑ Tirer fort sur les rênes.

B ❑ Avancer les jambes.

C ❑ Redresser le buste.

D ❑ Serrer progressivement les doigts sur des rênes ajustées.

E ❑ Continuer à tirer lorsque le cheval est arrêté.

4 Pour partir au pas, il faut :

A ❑ Desserrer légèrement les doigts sur les rênes.

B ❑ Relâcher complètement les rênes.

C ❑ Exercer des pressions brèves et répétées sur les flancs du cheval.

D ❑ Donner des à-coups avec les rênes.

E ❑ Crier pour que le cheval avance.

F ❑ Donner tout de suite des grands coups avec les talons.

Réponses p. 58

5 Pour faire tourner un cheval qui est au pas, il faut :

A ❑ Tirer sur la rêne du côté où l'on veut tourner.

B ❑ Se pencher fortement du côté où l'on veut tourner.

C ❑ Tourner légèrement le buste dans la direction à prendre.

D ❑ Attirer, avec la rêne, le bout du nez dans la direction à prendre.

E ❑ Taper avec le talon du côté où l'on veut tourner.

F ❑ Ajuster les rênes, avant d'agir avec les mains.

6 Un seul de ces trois cavaliers a les étriers correctement chaussés. Lequel ?

A ❑

B ❑

C ❑

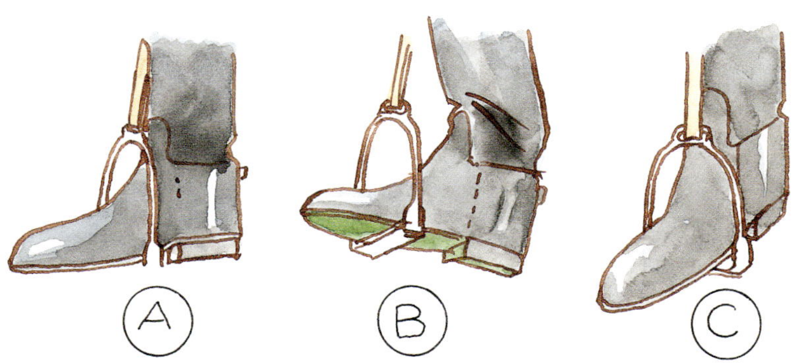

ABORDER UN CHEVAL

7 Pour aborder correctement un cheval attaché, il faut :

- **A** ❑ Le prévenir en arrivant.
- **B** ❑ L'approcher le plus rapidement possible.
- **C** ❑ Arriver par-derrière pour le surprendre.
- **D** ❑ Lui parler d'une voix douce en l'approchant.
- **E** ❑ Se méfier s'il couche ses oreilles.
- **F** ❑ L'approcher avec un chien.
- **G** ❑ Faire attention à ce qu'il ne te bouscule pas.

8 Pour attraper un cheval ou un poney en pâture, il faut :

- **A** ❑ L'approcher calmement sans crier.
- **B** ❑ Courir vers lui.
- **C** ❑ Ouvrir la boucle du licol.
- **D** ❑ Se mettre à sa gauche pour lui passer le licol.
- **E** ❑ Lui tendre la main en lui parlant.
- **F** ❑ Lui présenter une friandise.
- **G** ❑ Le frapper s'il a rechigné à se laisser attraper.

Réponses p. 58

METTRE UN LICOL À UN CHEVAL

9 Quelles précautions faut-il prendre en mettant un licol à un cheval ?

A ❑ Vérifier qu'il y a bien une longe au licol.

B ❑ Se placer du côté droit du cheval.

C ❑ Préparer le licol en ouvrant la boucle.

D ❑ Ne pas toucher les oreilles en manipulant le licol.

E ❑ Serrer le plus possible le licol.

F ❑ Faire en sorte que la muserolle soit placée sur les naseaux.

G ❑ Caresser le cheval, lorsque le licol est bouclé.

10 Sur ces trois dessins, un seul licol est bien mis et correctement ajusté. Lequel ?

A ❑

B ❑

C ❑

ATTACHER UN CHEVAL

11 Quelles précautions faut-il prendre en attachant un cheval dans le club ?

A ❑ Ne pas l'attacher à un endroit où il peut gêner.

B ❑ Attaché trop bas, il risque de se faire une prise de longe.

C ❑ L'attacher avec un nœud qui se défait facilement.

D ❑ L'attacher le plus court possible.

E ❑ Un cheval attaché trop court risque de se sentir prisonnier.

F ❑ Il est inutile d'attacher le cheval.

G ❑ Attacher deux chevaux au même anneau.

12 À l'extérieur, quelles précautions faut-il prendre en attachant un cheval ?

A ❑ L'attacher au rétroviseur d'une voiture.

B ❑ L'attacher à une poignée de porte.

C ❑ L'attacher de préférence à une branche souple.

D ❑ Savoir qu'il existe des plantes toxiques et l'attacher hors de leur portée.

E ❑ L'attacher près d'une installation électrique.

F ❑ Savoir qu'il peut abîmer le sol, en le grattant avec ses antérieurs.

Réponses p. 58

EFFECTUER UN PANSAGE ÉLÉMENTAIRE

13 Sais-tu exactement à quoi sert le pansage ?

- A ❑ Nettoyer le cheval.
- B ❑ Le masser.
- C ❑ Le chatouiller.
- D ❑ Vérifier qu'il n'est pas blessé.
- E ❑ Démêler les crins.
- F ❑ Nettoyer le dessous des sabots.
- G ❑ Devenir copain avec le cheval.

14 Connais-tu le nom des principaux instruments de pansage ?

Écris les numéros des instruments dans les cases correspondantes.

- A ☐ Cure-pieds
- B ☐ Étrille métallique
- C ☐ Étrille en caoutchouc
- D ☐ Étrille finlandaise
- E ☐ Bouchon
- F ☐ Couteau de chaleur
- G ☐ Brosse douce

15 Sais-tu utiliser correctement les différents instruments de pansage ?

A ❑ L'étrille sert à décrotter le cheval.

B ❑ L'étrille métallique est passée sur la tête.

C ❑ L'étrille métallique n'est passée que sur les parties charnues.

D ❑ Le bouchon n'est passé que sur les tendons.

E ❑ L'étrille est passée avec des mouvements circulaires.

F ❑ Il faut faire attention à ne pas abîmer la sole avec le cure-pieds.

16 Numérote les cases de 1 à 3 pour indiquer le bon ordre d'utilisation de ces instruments de pansage lorsque le cheval est au box.

A ❑ Le bouchon

B ❑ L'étrille

C ❑ Le cure-pieds

Réponses p. 58

AMENER SA MONTURE EN FILET EN MAIN SUR LE TERRAIN

17 Quelles précautions faut-il prendre pour mener en main un cheval équipé d'un filet ?

A ❑ Se placer sur le côté gauche du cheval.

B ❑ Se mettre au niveau de sa croupe.

C ❑ Laisser les étriers pendants.

D ❑ Remonter les étriers ou les croiser par-dessus la selle.

E ❑ Ne pas tenir les rênes trop près de la bouche.

F ❑ Laisser pendre le flot des rênes.

G ❑ Marcher devant le cheval dans les passages étroits.

18 Que faut-il faire si le cheval mené en main refuse d'avancer ?

A ❑ Tirer fort sur les rênes pour l'obliger à avancer.

B ❑ Donner des à-coups sur les rênes pour le punir.

C ❑ Agiter la cravache devant lui.

D ❑ L'inciter à avancer calmement avec la voix.

E ❑ Lui donner un violent coup de cravache sur les fesses.

F ❑ Le calmer s'il a peur de quelque chose.

19 Que faut-il faire avant de se mettre en selle ?

- **A** ❑ Mettre les chevaux en groupe au milieu du manège.
- **B** ❑ Descendre les étriers.
- **C** ❑ Vérifier le sanglage.
- **D** ❑ Régler la longueur des étrivières.
- **E** ❑ Vérifier que les boucles des étrivières sont bien remontées.
- **F** ❑ Laisser pendre les rênes.
- **G** ❑ Attendre l'ordre du moniteur.

20 Connais-tu les règles à suivre lorsque tu participes à une reprise ?

- **A** ❑ Venir au milieu à chaque occasion.
- **B** ❑ Garder ses distances entre les chevaux.
- **C** ❑ Serrer les chevaux les uns contre les autres.
- **D** ❑ S'arrêter sur la piste pour ramasser sa cravache.
- **E** ❑ Laisser le cheval « couper les coins ».
- **F** ❑ À allure égale, laisser la priorité au cavalier qui est « piste à main droite ».

Réponses p. 58

DÉBRIDER, DESSELLER

21 Comment débrider correctement un cheval ?

- **A** ❑ Défaire les boucles du montant du filet.
- **B** ❑ Déboucler la muserolle.
- **C** ❑ Défaire la sous-gorge.
- **D** ❑ Retirer le filet sans défaire aucune boucle.
- **E** ❑ Défaire les rênes du filet.
- **F** ❑ Démonter le mors.
- **G** ❑ Porter le filet au bras ou à son épaule.

22 Note dans les cases un numéro de 1 à 6 pour indiquer dans quel ordre il faut débrider un cheval qui est dans son box.

- **A** ☐ Glisser la têtière vers l'avant en touchant le moins possible les oreilles.
- **B** ☐ Passer les rênes au bras.
- **C** ☐ Déboucler la sous-gorge.
- **D** ☐ Libérer délicatement le mors.
- **E** ☐ Mettre le bridon ainsi que les rênes au bras pour les transporter.
- **F** ☐ Déboucler la muserolle.

23 Comment desseller correctement un cheval ?

A ❑ Remonter les étriers.

B ❑ Déboucler la sangle du côté gauche.

C ❑ Placer la sangle sur la selle pour la transporter.

D ❑ Poser la selle par terre devant le cheval.

E ❑ Laisser la selle dessanglée sur le cheval.

24 Après avoir dessellé et débridé un cheval, que faut-il faire ?

A ❑ Laver le mors du filet.

B ❑ Poser la selle et le filet par terre dans le box.

C ❑ Suspendre le filet à sa place dans la sellerie.

D ❑ Ranger les selles les unes sur les autres.

E ❑ Mettre la selle sur son porte-selle.

F ❑ Faire sécher le tapis.

Réponses p. 58

LES PRINCIPALES PARTIES EXTERNES DE SA MONTURE

25 Note dans les bonnes cases les numéros correspondant aux différentes parties du cheval indiquées sur le dessin.

A ❑ Nuque

B ❑ Encolure

C ❑ Garrot

D ❑ Tête

E ❑ Dos

F ❑ Rein

G ❑ Croupe

H ❑ Hanche

I ❑ Côtes

J ❑ Ventre

K ❑ Passage de sangle

L ❑ Poitrail

M ❑ Antérieurs

N ❑ Postérieurs

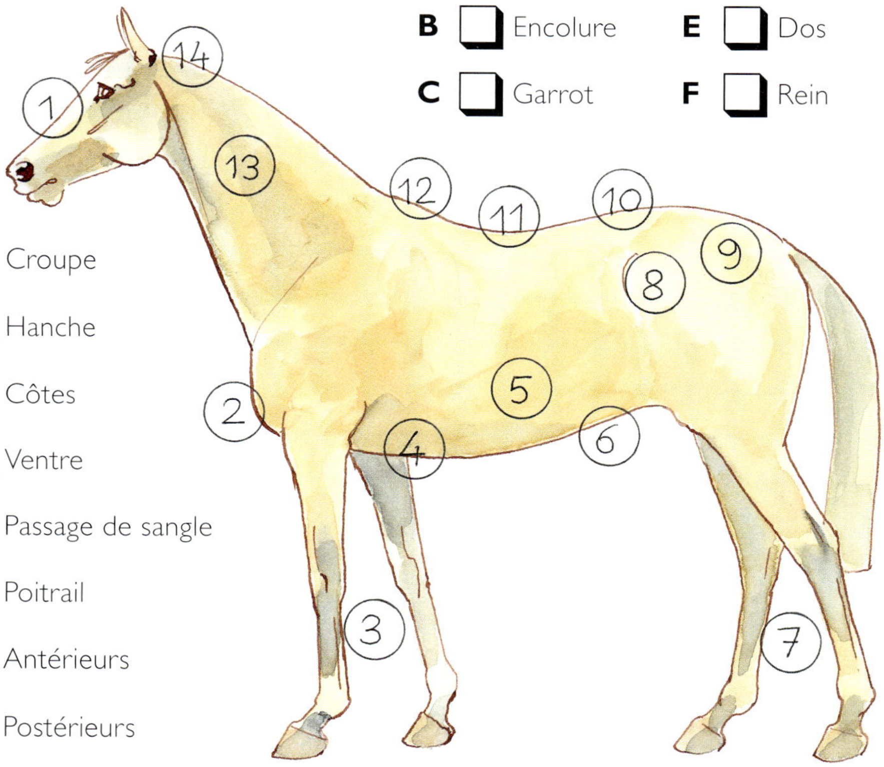

26 En équitation, on divise le cheval en trois parties. Coche les cases correspondant aux bonnes définitions.

A ❑ « L'avant-main » est la partie située en avant des mains du cavalier.

B ❑ « L'avant-train » est située en avant du cheval.

C ❑ « Le corps » est la partie située sous le cavalier.

D ❑ « L'arrière-main » est la partie située en arrière du cavalier.

LES ROBES

27 Connais-tu les principales robes des chevaux ou des poneys ? Note les numéros des robes figurant sur les dessins dans les cases correspondantes.

A ☐ Alezan
B ☐ Bai
C ☐ Gris
D ☐ Pie
E ☐ Noir

Réponses p. 58

NOTIONS SUR LES DIFFÉRENTES ACTIVITÉS ÉQUESTRES

28 Note les numéros des activités équestres figurant sur les dessins dans les cases correspondantes dans la liste ci-dessous.

- **A** ☐ Dressage
- **B** ☐ Attelage
- **C** ☐ Course d'endurance
- **D** ☐ Pony games
- **E** ☐ Équitation américaine
- **F** ☐ Polo
- **G** ☐ Équitation camarguaise
- **H** ☐ Concours de saut d'obstacles
- **I** ☐ Concours complet d'équitation
- **J** ☐ Voltige
- **K** ☐ TREC
- **L** ☐ Monte en amazone
- **M** ☐ Horse-ball
- **N** ☐ Hunter

RÈGLES ÉLÉMENTAIRES DE SÉCURITÉ

29 Es-tu certain de bien connaître les principales règles de sécurité, lorsque tu es dans le club ? Pour le vérifier, coche les cases qui te semblent correspondre à des règles à respecter.

A ❑ Prévenir le cheval avant de l'aborder.

B ❑ Ouvrir la porte du box en grand pour sortir et entrer.

C ❑ Être prudent en nourrissant les chevaux.

D ❑ Chahuter près des chevaux.

E ❑ Demander l'autorisation avant d'entrer dans un manège.

F ❑ Ne jamais laisser un cheval en liberté dans le club.

30 Es-tu certain de bien connaître les principales règles de sécurité, lorsque tu es à cheval ? Pour le vérifier, coche les cases qui te semblent correspondre à des règles à respecter.

A ❑ Ne jamais monter sans une bombe ou sans un casque.

B ❑ Monter avec des tennis sans talons.

C ❑ Avancer en début de reprise, alors que les autres sont encore à pied.

D ❑ Ne pas tenir les rênes.

E ❑ Rentrer dans le box en restant à cheval.

Réponses p. 58

RÉPONSES AUX QUESTIONS

Numéro des questions		Bonnes réponses
Équitation 	1	C
	2	B, C, E
	3	C, D
	4	A, C
	5	C, D, F
	6	B
Soins  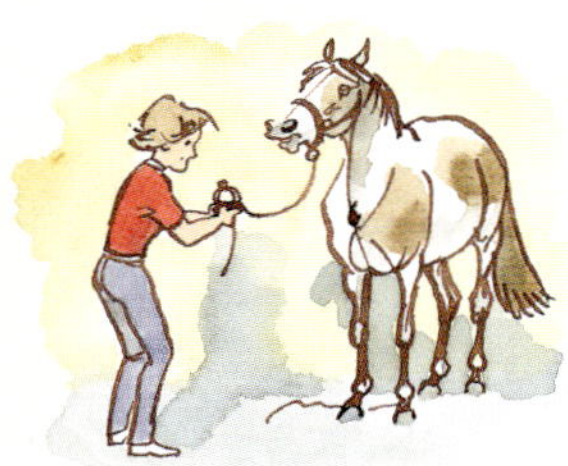	7	A, D, E, G
	8	A, C, D, E, F
	9	A, C, D, G
	10	B
	11	A, B, C, E
	12	C, D, F
	13	A, B, D, E, F, G
	14	A3, B1, C5, D4, E2, F6, G7
	15	A, C, E, F
	16	A3, B2, C1
	17	A, D, E, G
	18	D, F
	19	B, C, D, E, G
	20	B, F
	21	B, C, G
	22	A4, B1, C3, D5, E6, F2, G7
	23	A, B, C
	24	A, C, E, F
Connaissances 	25	A14, B13, C12, D1, E11, F10, G9, H8, I5, J6, K4, L2, M3, N7
	26	A, C, D
	27	A3, B1, C5, D4, E2
	28	A2, B4, C6, D8, E10, F12, G14, H1, I3, J5, K7, L9, M11, N13
	29	A, B, C, E, F
	30	A

JEU DES 7 ERREURS

Puisque tu as bien répondu à toutes les questions, tu peux t'amuser à chercher les 7 erreurs commises sur le dessin.
Mets une petite croix au crayon à côté de chaque erreur et contrôle tes réponses au bas de cette page.

Solutions :

- Le poney est attaché trop bas.
- Le licol est trop grand.
- Une fourche est posée par terre.
- Le cavalier frotte les tendons avec l'étrille.
- Le cavalier se tient juste derrière le poney.
- La selle est posée directement par terre.
- Un adulte fume dans l'écurie.

Après avoir effectué un pansage complet, bridé et sellé (s'il y a une selle) sa monture, ÊTRE CAPABLE de se déplacer aux trois allures.

ÉQUITATION

Au pas

Au trot

Au galop

Saut et/ou terrain varié

SOINS

CONNAISSANCES

Quand tu auras lu attentivement tout ce qui concerne le programme du galop 2, rendez-vous page 92 ou sur le CD-Rom pour tester tes connaissances !

Après avoir effectué un pansage complet, bridé et sellé (s'il y a une selle) sa monture, ÊTRE CAPABLE de se déplacer aux trois allures.

Stabiliser son équilibre assis

Pour être capable de stabiliser ton équilibre, tu dois savoir régler les étriers et ressangler la selle afin d'éviter qu'elle tourne.
Deux conditions qu'il faut savoir assurer tout seul, en étant à cheval.

Régler ses étriers en étant à cheval

Lorsque le cheval est arrêté :
➜ Dégage la boucle de l'étrivière.
➜ Modifie sa longueur en comptant le nombre de trous.
➜ Pour ramener la boucle sous le petit quartier, fais coulisser l'étrivière en tirant sur la partie qui est en contact avec le cheval.
➜ Chausse l'étrier et fais de même avec l'autre étrivière, en décalant la boucle du même nombre de trous.
Pour juger si les étrivières ont la même longueur, avance de quelques pas car, à l'arrêt, les hanches du cheval ne sont pas toujours à la même hauteur.
En position normale, le plancher de l'étrier déchaussé doit arriver sensiblement à la hauteur de la cheville.

Ressangler en étant à cheval

Voici comment procéder :
➜ Arrête le cheval, garde les rênes ajustées dans la main droite, et avance la jambe gauche.
➜ Avec la main gauche, tire un après l'autre sur les contre-sanglons en te servant de l'index de cette main pour engager l'ardillon de la boucle dans le trou du contre-sanglon.
Il est parfois nécessaire de ressangler également à droite, si la sangle est bouclée aux derniers trous à gauche.

À SAVOIR

Lorsque ton buste change de position, tes jambes doivent rester en place. Quant à tes mains, il faut éviter que des mouvements involontaires gênent la bouche du cheval.
Le fait de monter sans selle t'aide à sentir et à suivre les mouvements du dos du cheval.

cheval en mouvement, entraîne-toi à chausser et déchausser tes étriers

Exercices de stabilité

Des exercices d'assouplissement permettent de décontracter les différentes parties de ton corps et améliorent ainsi ta stabilité à cheval. Ton moniteur te fera également participer à des jeux d'adresse, qui visent les mêmes buts.

Lorsque tu es assis en selle et que le cheval avance, les étriers t'aident à maintenir ton équilibre.

Chausser et déchausser les étriers

Lorsque le cheval est en mouvement, il peut t'arriver de perdre un étrier. Il faut alors savoir le rechausser tout en marchant, pour ne pas déranger la reprise.
Voici comment procéder :
➜ L'étrier libre a tendance à se balancer. Commence à le stabiliser en avant de ton pied.
➜ Lève alors la pointe du pied, et dirige-la en direction du cheval. Lorsque la pointe de ton pied pénètre dans l'étrier, baisse-la pour que ta semelle prenne appui contre le plancher de l'étrier.
➜ Il te reste à corriger la position de tes pieds : étriers chaussés un peu plus que la pointe du pied, talons bas.

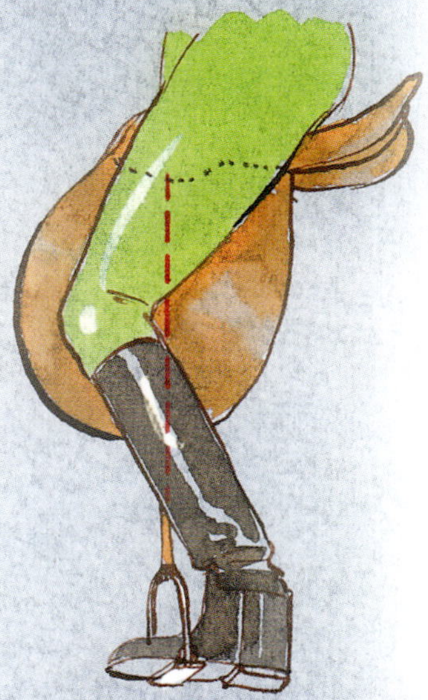

si ta jambe est bien placée, l'étrivière est verticale et tu ne vois pas la pointe de ton pied : elle est cachée par ton genou.

À SAVOIR

Lorsque tes talons sont descendus, tes mollets se durcissent naturellement, ce qui améliore l'adhérence de tes jambes. Avec ou sans étriers, les jambes doivent être fixes et prendre place au niveau de la sangle.

Changer d'allure à volonté

Lorsque ton cheval est au pas, il faut entretenir l'allure en agissant avec les jambes dès que l'impulsion faiblit. Il augmente sa vitesse en allongeant le pas.
En passant à l'allure supérieure, le cheval profite parfois du manque d'assurance du cavalier pour quitter la piste et venir au milieu.
En raccourcissant un peu la rêne extérieure (côté mur), tu l'incites à rester sur la piste.

Passer à l'allure supérieure

En agissant avec les jambes par pressions successives, tu commandes au cheval de passer à l'allure supérieure. Pour amortir les secousses du trot, mets-toi tout de suite au trot enlevé.
En agissant à nouveau avec les jambes, le cheval allonge son trot et passe normalement au galop. Il se met plus facilement au galop à l'abord d'un tournant.
En préparant le galop 3, tu appendras à disposer tes aides pour déclencher le départ au galop à un moment précis. Tu apprendras aussi plus tard à partir au galop directement du pas, et même de l'arrêt.

Repasser à l'allure inférieure

Pour repasser à l'allure inférieure, ajuste tes rênes puis :
→ Redresse ton buste.
→ Soutiens les poignets en fermant progressivement les doigts sur les rênes, sans aucune action brusque.
Les jambes sont restées au contact, le cheval ralentit et passe à l'allure inférieure.

À SAVOIR

En prenant les lettres du manège comme repères, tu peux t'entraîner à changer d'allure à des endroits précis. En agissant avec les jambes, il ne faut pas perdre les étriers. Le fait de tenir une cravache dans la main intérieure incite le cheval à obéir et à rester sur la piste.

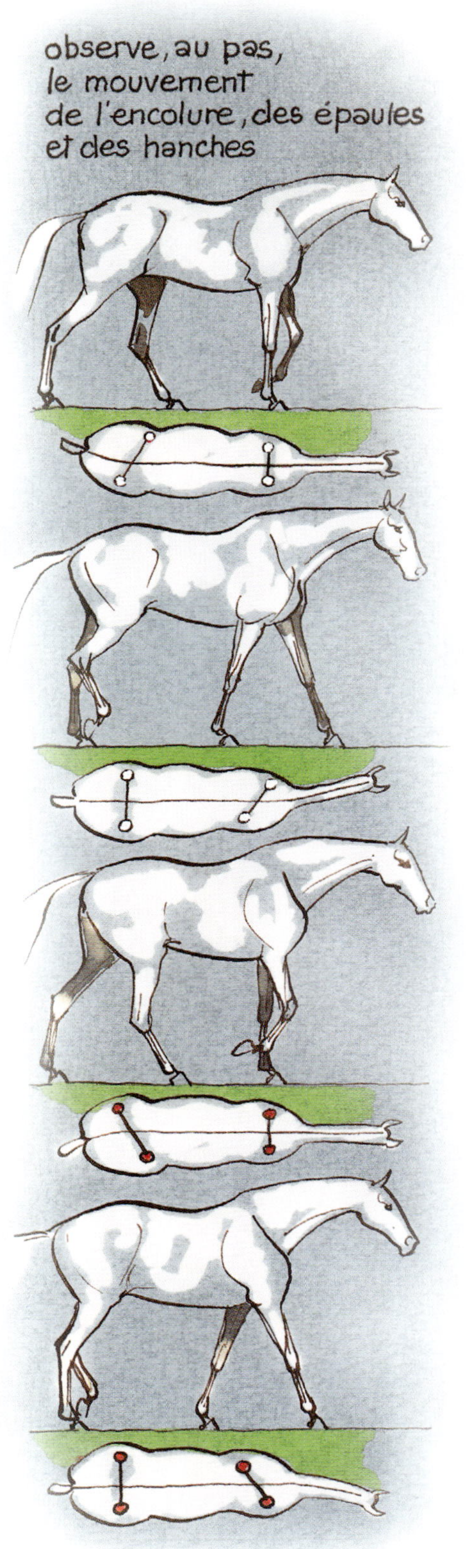

Conduire sur des courbes serrées

Au galop 1, tu as appris à tourner dans les deux sens sur des courbes larges. Tu dois maintenant apprendre à tourner à des endroits précis et en suivant des courbes plus serrées avec des aides plus affirmées. Regarde toujours dans la direction où tu veux aller.

Le slalom

En effectuant un slalom à cheval, il faut inverser l'orientation de ton buste et les actions de tes mains lorsque tu changes de direction.

Le doubler

Le doubler dans la largeur se décompose de la manière suivante :

➜ Quitter la piste avec un quart de tour (tourner serré).

➜ Aller tout droit jusqu'à la piste opposée.

➜ Reprendre la piste avec un tourner serré, sans changer de main, sauf si cela t'est commandé.

Si le doubler est exécuté successivement, les derniers chevaux ont tendance à couper pour rejoindre la piste.

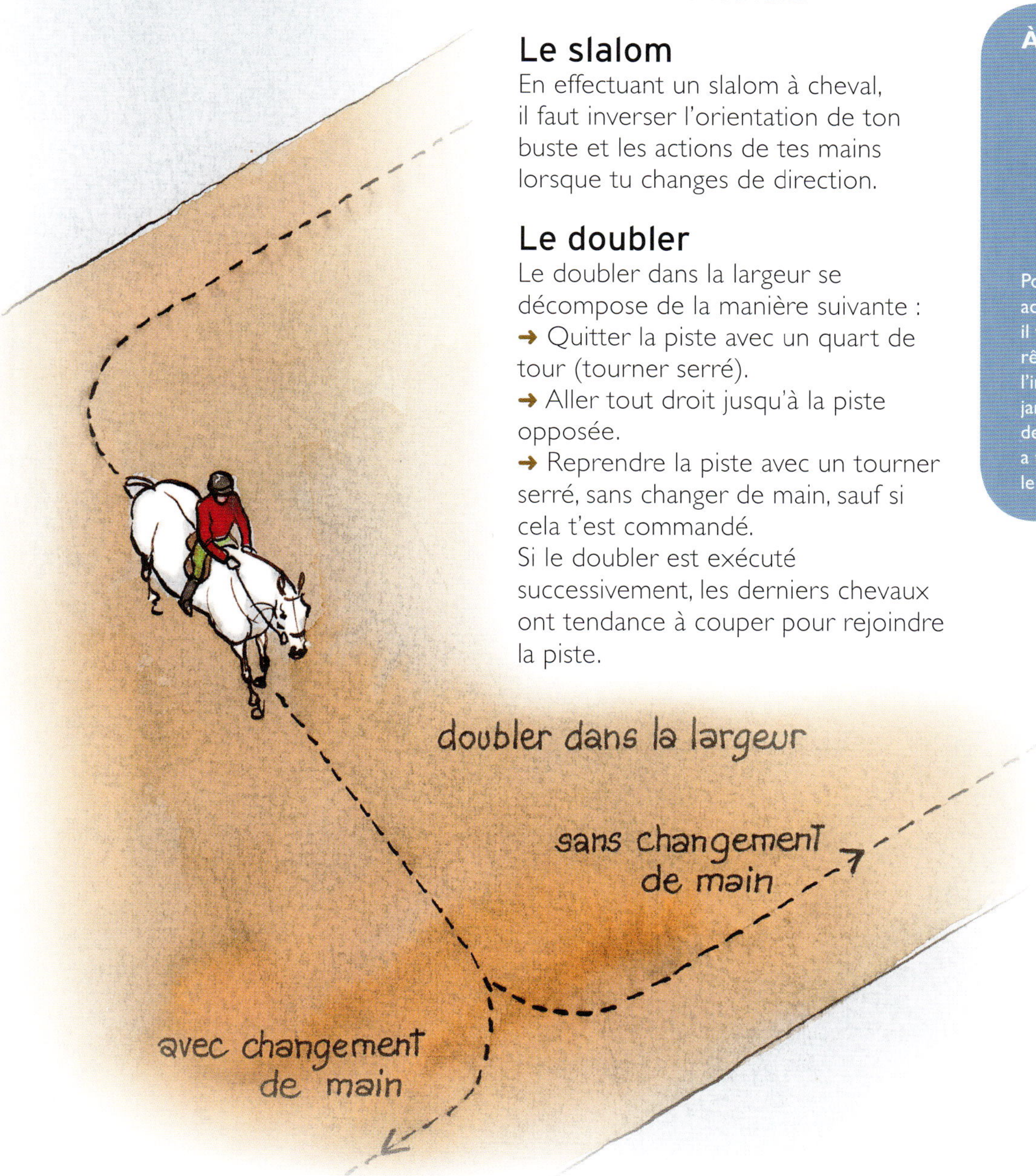

À SAVOIR

Pour obtenir des actions précises, il faut ajuster les rênes et entretenir l'impulsion avec ses jambes, car le fait de tourner serré, a tendance à ralentir le cheval.

Rechercher son équilibre

Au trot, le dos du cheval monte et descend à chaque foulée. Tu as deux solutions pour amortir les secousses engendrées par ce mouvement de projection :

➜ Si tu restes assis dans ta selle, c'est par le jeu de tes reins qui s'articulent avec le bassin que tu peux absorber ces mouvements. Le relâchement des hanches et des muscles adducteurs des cuisses (ceux qui permettent de serrer les cuisses) joue également un rôle important dans ce jeu amortisseur. Avant d'être correctement maîtrisée, cette technique demande de nombreuses séances d'entraînement.

➜ C'est pour cette raison que dès le début de ton initiation, tu apprends la seconde technique : le « trot enlevé ». Cela consiste à te lever et à t'asseoir en cadence avec l'allure de ton cheval, car le trot enlevé est beaucoup plus facile à pratiquer que le trot assis. On peut ainsi le maintenir assez longtemps sans se fatiguer. Cette technique, plutôt facile, s'apprend très vite.

Pour découvrir les points essentiels, commence par te mettre debout à l'arrêt, et tu t'apercevras qu'il faut :

- régler les étriers assez courts ;
- les chausser à environ 1/3 du pied ;
- se placer au-dessus de ses pieds, tout simplement comme un piéton.

À SAVOIR

Pendant les longues courses d'endurance, certains cavaliers restent constamment en équilibre au-dessus des étriers pour fatiguer le moins possible le dos de leur cheval.

en suspension :
Trois angles s'ouvrent et se ferment pour absorber les secousses

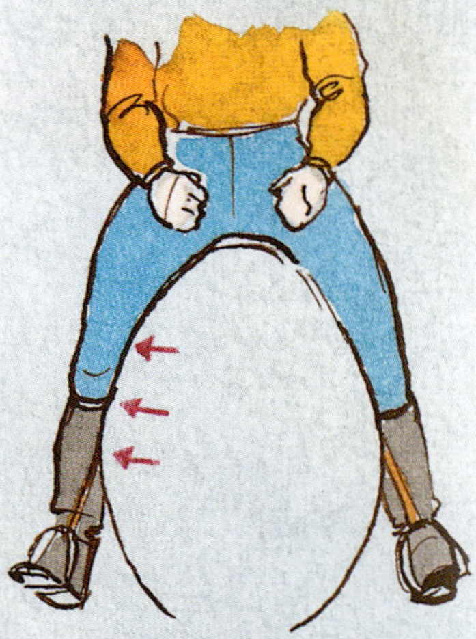

le talon est bas,
le pied lègerement ouvert,
mollet, genou et bas de la cuisse au contact

Entraîne-toi à descendre dans ta selle et à te relever, à l'arrêt puis au pas. Cela te permet de découvrir la bonne inclinaison de ton buste.

Rechercher son équilibre au trot enlevé

Rappelons qu'au trot enlevé, tu évites une réaction sur deux en te soulevant légèrement au dessus de la selle, en rythme avec le trot. Pour pouvoir te soulever facilement, incline légèrement le buste vers l'avant, sans arrondir ton dos.
En observant le mouvement des antérieurs, tu peux repérer celui qui se pose au moment où tu reprends le contact avec le fond de la selle.
Si le cheval pose son antérieur droit lorsque tu reprends le fond de la selle, on dit que tu trottes à droite ; et inversement. Plus tard, tu apprendras ce que veut dire « trotter enlevé sur le diagonal désiré ».
Au trot enlevé, reste le moins possible dans le fond de la selle, pour « trotter léger ».

Stabiliser son équilibre sur les étriers

Pour t'entraîner à rester souplement en suspension au-dessus de tes étriers pendant plusieurs foulées, tu peux prendre appui avec les mains légèrement en avant du garrot. Dans cette position, tu peux franchir tes premiers obstacles au trot.
Lorsque tu es stable, tes talons sont « bien descendus » et tu sens ton poids appuyer sur tes talons.

À SAVOIR

Pour allonger le trot lorsque tu trottes enlevé, « ferme les jambes » au moment où tu descends dans la selle. Lorsque tu es en appui sur tes étriers, ne te raccroche pas aux rênes si tu manques encore d'équilibre.

À SAVOIR

Surtout, ne te raccroche pas aux rênes pour te soulever de la selle, car tu tirerais sur la bouche du cheval.
Pense à laisser tes jambes en place, les étriers chaussés au tiers du pied (un peu plus que la pointe).
Évite de rester assis dans la selle pendant plusieurs temps.

assis

debout

ne te raccroche pas aux rênes, ne retombe pas brutalement dans ta selle

Trotter enlevé en rythme

Le trot enlevé est utilisé par le cavalier afin d'éviter les secousses du trot. Le cheval trotte en deux temps.
Prends la position en équilibre puis :
➜ Profite d'un temps de trot pour te laisser soulever légèrement hors de la selle.
➜ Le temps suivant, rassieds-toi, et ainsi de suite.
Tout en trottant, accorde-toi sur le rythme du cheval en « t'enlevant » un temps sur deux.
Lorsque tu as bien pris le rythme, efforce-toi de te soulever le moins possible au dessus des étriers.
En reprenant avec légèreté le fond de la selle, assieds-toi le plus en avant possible de celle-ci.
En préparant le galop 3, tu apprendras dans quel ordre le cheval pose ses pieds au trot, et comment t'accorder sur les mouvements des membres.
Le trot enlevé est très confortable et peut être maintenu longtemps sans fatigue.

En pratique

Pour débuter au trot enlevé, n'hésite pas à « compter dans ta tête » un, deux, un, deux, etc., en rythme avec le trot du cheval. Pour favoriser ton équilibre, saisis une poignée de crins dans la main intérieure (vers le centre du manège). Maintiens le cheval sur la piste le long du mur,
en raccourcissant un peu plus la rêne extérieure (côté mur).

Changer d'allure à volonté

Tu dois être capable de changer d'allure individuellement. Voici quelques conseils pour changer d'allure à partir du trot :

En repassant au pas

➜ En ralentissant trop brusquement à partir du trot enlevé, tu es rejeté vers l'avant. Il est donc préférable de te mettre au trot assis quelques foulées, avant de repasser au pas.

➜ N'agis pas brusquement avec tes mains car le cheval en souffre et secoue généralement la tête.

➜ Ne te penche pas en avant mais redresse ton buste en soutenant tes poignets.

En passant au galop

Au chapitre suivant figurent quelques explications qui te permettent de partir au galop à l'endroit où tu le désires. Voici quelques erreurs à éviter lorsque tu passes au galop à partir du trot :

➜ Ne laisse pas ton cheval accélérer car un cheval qui « se cale » dans un trot allongé rechigne généralement à se mettre au galop, part en désordre et manque d'équilibre.

➜ En passant au galop, le cheval a tendance à chercher à échapper à ton autorité en accélérant ou en quittant la piste. Pour l'inciter à rester sur la piste, raccourcis légèrement la rêne extérieure (côté mur).

➜ Dès que le cheval est au galop, accompagne le mouvement de son dos avec ton bassin.

À SAVOIR

Le cheval a tendance à ralentir en tournant serré. Il faut donc entretenir son impulsion avec les jambes. Pendant le tournant, le cheval doit être incurvé, ce qui l'aide à tourner correctement.

N'agite pas tes mains, mais accompagne les mouvements de son encolure.

Conduire sur des courbes larges

Comme pour le pas, les actions de tes aides doivent être précises. Les à-coups avec les mains rendent la conduite imprécise et gênent le cheval. Évite d'agiter tes mains. En tournant à droite par exemple, le seul fait de mettre les ongles de la main droite vers le haut, et de regarder dans la direction où tu veux aller, préviens le cheval de ton intention de tourner.

Tu peux galoper en restant assis dans la selle, ou en te mettant en équilibre sur les étriers.

➜ En dressage, le cavalier reste assis dans la selle, les jambes « enveloppantes », pour conserver un bon contact avec le cheval.

➜ Au galop rapide ou pour sauter, il est préférable de se mettre en équilibre sur les étriers.

Tout en restant au galop, le cavalier doit être capable de passer souplement de la position assise à la position en équilibre.

Rechercher son équilibre sur les étriers

Au galop rapide, il est difficile de suivre les mouvements du dos du cheval. Le cavalier se met alors en équilibre sur les étriers en soulevant légèrement les fesses hors de la selle tout en conservant le dos plat, peu penché en avant. Les mains peuvent prendre appui sur l'encolure, les jambes restent en place, sans avancer. Pour monter en équilibre au-dessus des étriers, il est nécessaire de raccourcir légèrement les étrivières.

Découvrir son équilibre assis

Pour rester assis au galop, tu dois :

➜ accompagner les mouvements du cheval avec ton dos,

➜ garder le buste d'aplomb,

➜ laisser ton bassin s'articuler en gardant le rein souple et les jambes fixes,

➜ rechercher ton équilibre sans te raccrocher avec tes jambes,

➜ t'efforcer de suivre le balancement de l'encolure avec tes bras, sans agiter les mains.

À SAVOIR

Lorsqu'un cavalier manque encore d'assurance, ses mains sont plus fixes au trot enlevé ou au galop en équilibre.
En position assise, le débutant à tendance à secouer les rênes.

Changer d'allure à volonté

En préparant le galop 3 tu apprendras à « disposer tes aides pour déclencher le galop » à un moment précis.
Pour repasser au trot à partir du galop, il faut commencer par ralentir le galop.
Redresse ton buste, recule les épaules, et soutiens tes poignets sur des rênes ajustées pour remettre le cheval au trot.
Le fait de « freiner avec son dos », incite le cheval à passer à l'allure inférieure.
Dès que le cheval trotte, mets-toi au trot enlevé car le trot rapide est inconfortable.
Continue à agir avec tes mains pour ralentir le trot.
Tu peux ensuite te mettre au trot assis, si tu désires passer à l'allure inférieure.
Lorsque tu es à l'allure et à la vitesse désirées, relâche légèrement la tension des rênes.
À ton niveau, tu dois pouvoir passer d'une allure à l'autre lorsque le moniteur te le commande.

Maintenir le galop

Au galop, le cheval a parfois tendance à accélérer et à chercher à te désobéir.
Tu dois penser à le maintenir sur la piste en raccourcissant légèrement la rêne extérieure.
Règle son allure en suivant avec les deux mains les mouvements de son encolure tout en gardant les rênes tendues.
Tes jambes restent vigilantes.
Entretiens le galop en agissant avec les jambes si le cheval ralentit. Il faut surtout éviter qu'il repasse au trot sans que tu le lui demandes.

PRÉCAUTIONS À PRENDRE

En promenade, il est préférable de rester en équilibre pour galoper. Pour améliorer ton propre équilibre, tu peux prendre appui avec les mains sur l'encolure.

Découvrir son équilibre sur les étriers sur des cavaletti isolés et/ou en terrain varié

Notions de saut sur cavaletti

Les cavaletti sont des obstacles qui peuvent être déplacés, et qui n'excèdent pas 50 cm de haut. Le cavaletti est généralement disposé sur la piste pour éviter que le cheval dérobe. Il est abordé au milieu et perpendiculairement.

Pour conserver la position en équilibre pendant le saut, il faut :

➜ Régler les étriers suffisamment courts ; rester en équilibre « au-dessus de ses pieds », étriers chaussés au tiers du pied, talons bas ; incliner le buste en avant rênes ajustées, mains basses avec un éventuel appui sur l'encolure.

➜ Regarder loin.

➜ Rester souple pour amortir les sauts.

Pour ne pas rester accroché aux rênes, tu peux tenir une poignée de crins suffisamment en avant.

Équilibre en terrain varié

À l'extérieur, pour éviter de fatiguer ton cheval toi-même, trotte enlevé, et galope en équilibre.

En montée : Au pas, reste en équilibre en te penchant en avant pour soulager le dos du cheval, tout en lui laissant une grande liberté d'encolure. Tu peux t'aider en tenant une poignée de crins.

En descente : Au pas, bien calé dans ta selle, garde le buste vertical et ne laisse pas le cheval accélérer.

Difficultés diverses : En traversant un terrain glissant ou profond, le cheval a particulièrement besoin du libre jeu de son encolure. Il peut avoir des réactions vives, pour se dégager d'un terrain profond par exemple.

À SAVOIR

Il est possible de sauter sans étriers, et même sans selle, mais en inclinant le buste en avant pendant le saut. En cas d'hésitation, prends une poignée de crins pour t'aider à ne pas « rester en arrière » pendant le saut.

Conserver l'allure à l'abord de cavaletti isolés et/ou en terrain varié

Conserver l'allure à l'abord d'un cavaletti

En abordant un obstacle, conserve l'allure indiquée : trot ou galop. Si ton cheval semble hésiter, agis vivement avec tes jambes pour éviter qu'il refuse de sauter.
Ne le laisse pas « prendre la main » et accélérer, car il te désobéit et cela nuit à son équilibre. Le cheval doit se sentir canalisé entre les rênes pour ne pas se dérober.
Si tu as une cravache, tiens-la du côté intérieur lorsque l'obstacle est disposé contre le mur du manège.

un bon exercise pour l'équilibre : le Franchissement de petits obstacles au trot

Conserver l'allure en terrain varié

Montées et descentes se font généralement au pas et même à pied si elles sont trop éprouvantes pour le cheval.
Dans un groupe, prends la même allure que la personne qui dirige la promenade.
Au trot et surtout au galop, ton cheval ne doit pas « prendre la main » en accélérant.
Après un effort important (montée), il faut laisser souffler le cheval.

Les règles élémentaires à connaître à l'extérieur :

Au niveau galop 2, tu dois être accompagné pour sortir à cheval. Voici quelques précautions à suivre, car ton accompagnateur ne peut pas tout voir :

→ Suis le cavalier qui te précède sans changer de place et en conservant tes distances.

→ Sur le chemin du retour, la plupart des chevaux ont tendance à accélérer.

pas de précipitation en abordant un cavaletti au galop !

À SAVOIR

Pense à équilibrer les efforts du cheval et à le remercier chaque fois qu'il donne satisfaction.
Il faut également comprendre qu'il peut être impressionné par un objet ou une situation qu'il ne connaît pas. C'est à toi de le mettre en confiance.

- ➜ Fais passer les consignes qui te sont données : voiture, branche, trou...
- ➜ Mentionne au moniteur les éventuels incidents : coup de pied, comportement anormal du cheval...
- ➜ Ne lâche jamais tes rênes et reste attentif car, à l'extérieur, le cheval peut avoir des réactions inattendues.
- ➜ Montre-toi courtois envers les personnes rencontrées.

EFFECTUER UN PANSAGE COMPLET

Pour réussir le galop 2, tu dois savoir effectuer un pansage complet. Ce chapitre complète le « pansage élémentaire » étudié au galop 1. Rappelons qu'un pansage complet nettoie le cheval pour le rendre présentable. C'est un massage agréable qui nettoie les pores de la peau et favorise ainsi son hygiène. C'est l'occasion de passer le cheval en revue. De plus, le pansage est un excellent moyen d'apprendre à se connaître mutuellement avant de se mettre en selle. Le pansage, c'est la toilette quotidienne du cheval. Suivant qu'il sort de pâture avec un poil d'hiver très sale ou qu'il est hébergé dans un box propre, le pansage est plus ou moins approfondi. Tu vas intervenir sur : les pieds, les poils qui recouvrent son corps et sur les crins. Ordre de pansage :

Curer les pieds

Pour ne pas salir la cour du club, les pieds sont curés dans le box. On cure les pieds avant et après le travail pour quatre raisons :

➜ Nettoyer le fond des lacunes (deux trous allongés formant un V) et la sole.
➜ Enlever un éventuel caillou coincé sous le sabot.
➜ Vérifier le bon état de la ferrure.
➜ Vérifier que le pied n'est pas blessé.

Nettoyer les poils

On commence habituellement à passer l'étrille et ensuite le bouchon du côté gauche de l'encolure, puis sur le corps et enfin sur les membres avant de passer de l'autre côté. La tête est généralement brossée à la fin en faisant attention aux yeux. Il faut ensuite passer la brosse douce dont les poils serrés enlèvent la poussière et les pellicules de peau morte à la racine des poils. Voici comment procéder :

➜ Un coup à rebrousse-poils, pour sortir la poussière sous le poil.
➜ Un coup dans le sens du poil pour ramener la poussière dans la brosse.
➜ Passer ensuite la brosse sur l'étrille pour la débarrasser des poussières.
➜ Taper de temps en temps l'étrille par terre pour vider les poussières.

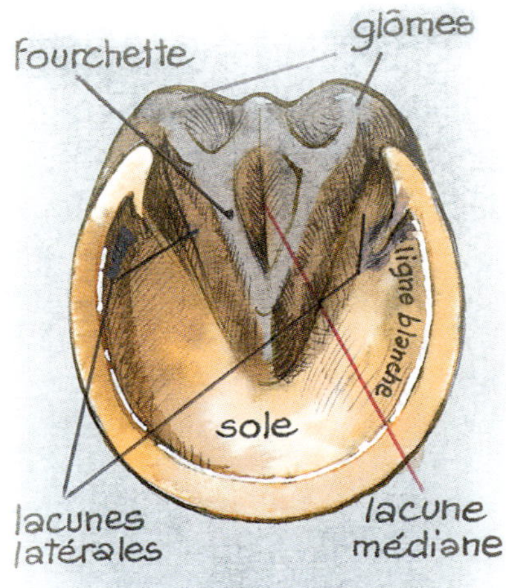

À SAVOIR

Un dicton dit que « le jeu de l'étrille vaut un picotin d'avoine ». Cela signifie que le pansage améliore la santé du cheval, comme sa nourriture. Le poil d'un cheval en bonne santé est brillant. Il existe des produits lustrants et antistatiques qui empêchent les poussières de se coller. Tu peux ensuite natter et tresser la crinière et la queue. On peut également utiliser un aspirateur pour nettoyer les poils.

Brosser les crins

→ La crinière : démêle soigneusement la crinière avec le bouchon ou l'étrille finlandaise. Agis brin par brin, en mettant tous les crins du même côté et n'oublie pas de brosser le toupet. Ne te sers pas du peigne pour démêler la crinière car tu risques de casser les crins. Tu peux mouiller le bouchon pour peigner la crinière lorsque les crins sont démêlés.

→ La queue : pour démêler la queue, soulève-la avec la main gauche et brosse les crins que tu lâches l'un après l'autre. Tu peux commencer par laver la queue dans un seau d'eau si elle est salie par de la boue.

La finition

Il faut aussi laver avec une éponge et de l'eau claire : les coins des yeux, les naseaux, la bouche, le haut de la queue, l'anus, la vulve ou le fourreau. À l'aide d'un torchon doux nommé époussette, tu peux encore lustrer les poils pour enlever toute trace de poussière. La robe de ton cheval brille alors de mille feux.

Ordre	Nom	Dessin	Action	Comment procéder
Au début ou à la fin du pansage	Cure-pieds	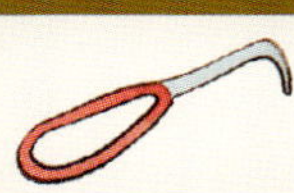	Dégage les lacunes et la sole	Gratter doucement pour ne pas abîmer la sole
2	Étrille		Décrotte les parties charnues	Passer avec des mouvements circulaires
3	Bouchon	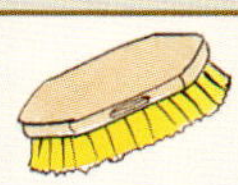	Nettoie l'ensemble des poils	Frotter énergiquement
4	Brosse douce	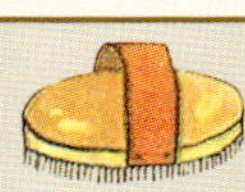	Extirpe les poussières sous les poils	Frotter dans les deux sens du poil, pour nettoyer « en profondeur »
5	Éponge humide		Lave la sueur et les saletés	Par mesure d'hygiène, conserver l'ordre cité dans « La finition »
6	Époussette	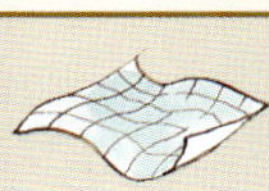	Lustre les poils	Passer l'époussette sèche dans le sens du poil pour le lustrer

Faut-il mettre d'abord la selle ou le filet ? Cela dépend de l'endroit où le cheval se trouve :

➜ S'il est en box, mets-lui le filet d'abord, pour pouvoir le maintenir pendant que tu le selles.

➜ S'il est attaché, il est préférable de le seller d'abord et de ne lui mettre le filet qu'au dernier moment.

Brider

Ne pose pas le filet (appelé également bridon) par terre, mais passe-le à ton épaule ainsi que les rênes, le frontal vers l'avant.
Tu as alors tes deux mains libres.
Commence par mettre le licol en collier autour de l'encolure du cheval pour dégager sa tête.
Tu peux alors passer les rênes sur l'encolure ou les garder à ton bras.

➜ Si tu es suffisamment grand, prends la têtière avec la main droite pendant que ta main gauche met le mors dans la bouche du cheval tout en soulevant le bridon tenu au frontal.

➜ Si tu es trop petit par rapport au cheval, tiens le bridon au milieu des montants pendant que tu mets le mors dans la bouche.

Glisse ensuite délicatement les oreilles sous la têtière. Sors le toupet pour le placer sur le frontal.
Il reste à boucler la sous-gorge : laisse la grosseur d'un poing entre la sous-gorge et la gorge pour ne pas gêner la respiration du cheval.
Boucle ensuite la muserolle suivant le modèle.

Comment faire ouvrir la bouche au cheval

Si le cheval rechigne à ouvrir la bouche, n'appuie pas le mors contre ses dents.
Pour l'inciter à ouvrir la bouche, une astuce consiste à enfoncer le pouce au niveau de la commissure des lèvres, là où il n'y a pas de dents (barres).
Autre astuce : frotter les gencives au niveau de la barre, pour lui faire ouvrir la bouche.

mets le filet en douceur

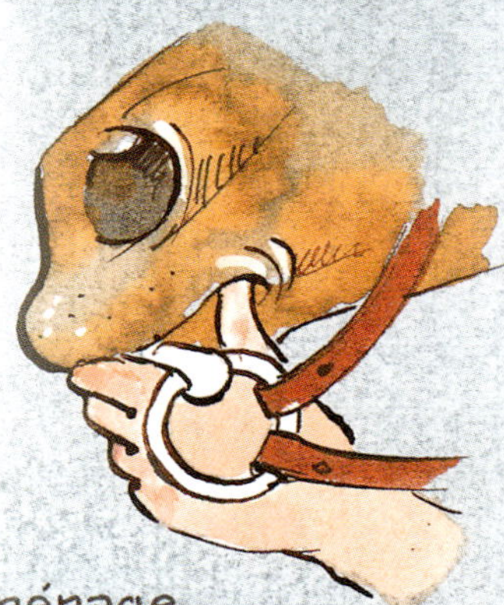

ménage
les dents et les oreilles

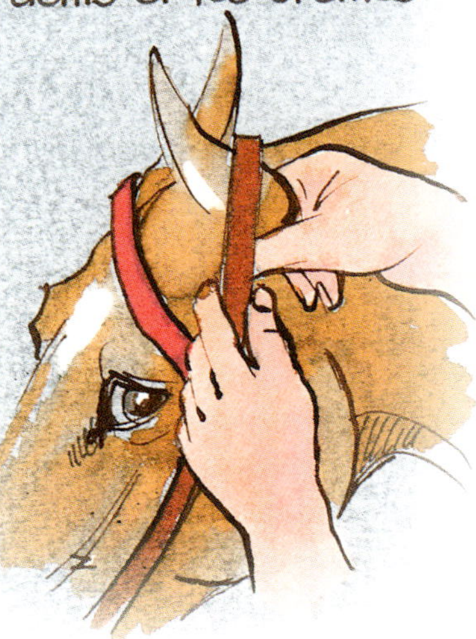

À SAVOIR

Il existe de nombreuses variétés de mors, mais le mors de filet est le plus utilisé dans les niveaux élémentaires.
Si tu constates que la bouche du cheval est blessée, signale-le à ton moniteur, car le mors utilisé n'est peut être pas adapté à sa bouche.

Vérifications utiles

Tu apprendras plus tard à régler un bridon, mais si tu constates que le mors comprime les commissures des lèvres ou est placé trop bas, signale-le à ton moniteur qui réglera les montants. Vérifie que les montants du bridon, de la muserolle et de la sous-gorge sont bien à plat. Vérifie que la sous-gorge et la muserolle sont bien bouclées et que le frontal, placé sous le toupet, est bien horizontal. Il est préférable de mettre le licol en attente par-dessus le filet, car le cheval est ainsi mieux tenu.

Seller

→ Avant de seller, remonte les étriers si ce n'est déjà fait, et place la sangle sur la selle. Si le tapis n'est pas attaché à la selle, pose-le légèrement en avant de sa position normale.

→ Mets la selle sur le tapis et glisse l'ensemble à sa juste place, légèrement en arrière du garrot, en dégageant les épaules. Ainsi, les poils sont lissés sous le tapis.

→ Vérifie sur le côté droit que la selle est bien posée et que le tapis ne fait pas de pli et dépasse légèrement vers l'avant de la selle.
La sangle ne doit pas frapper contre les membres lorsque tu la descends.

→ Tu disposes alors d'un point de repère pour juger si la selle est à sa juste place : en pendant naturellement, la sangle doit se placer à un « plat de main » derrière les coudes du cheval.

→ Sangle légèrement et dégarrote l'avant du tapis en le soulevant, pour éviter qu'il frotte contre le garrot. N'attends pas pour boucler la sangle, car sinon la selle pourrait tomber si le cheval bouge.

→ Pour dégager la peau sous la sangle, tu peux tirer un à un les antérieurs vers l'avant et vers le haut.

→ À ce moment, tu peux ressangler. Avant de monter à cheval, tu vérifieras que la selle est bien sanglée, car certains chevaux se gonflent au moment du sanglage.

Observer

La forme de la selle doit s'adapter au dos du cheval. L'échancrure située à l'avant offre un dégagement du garrot. Le garrot est une partie sensible qui doit être mise à l'abri de frottements. Le tapis de selle absorbe la sueur et protège le garrot et le dos du cheval. Les tapis de randonnée sont particulièrement épais.

À SAVOIR

Les sangles peuvent avoir différentes longueurs. Lorsque la sangle est bouclée, il doit rester quelques trous de libre pour la ressangler. Certaines selles sont équipées d'un système de sanglage par « nœud de cravate » qui n'a pas de boucle.

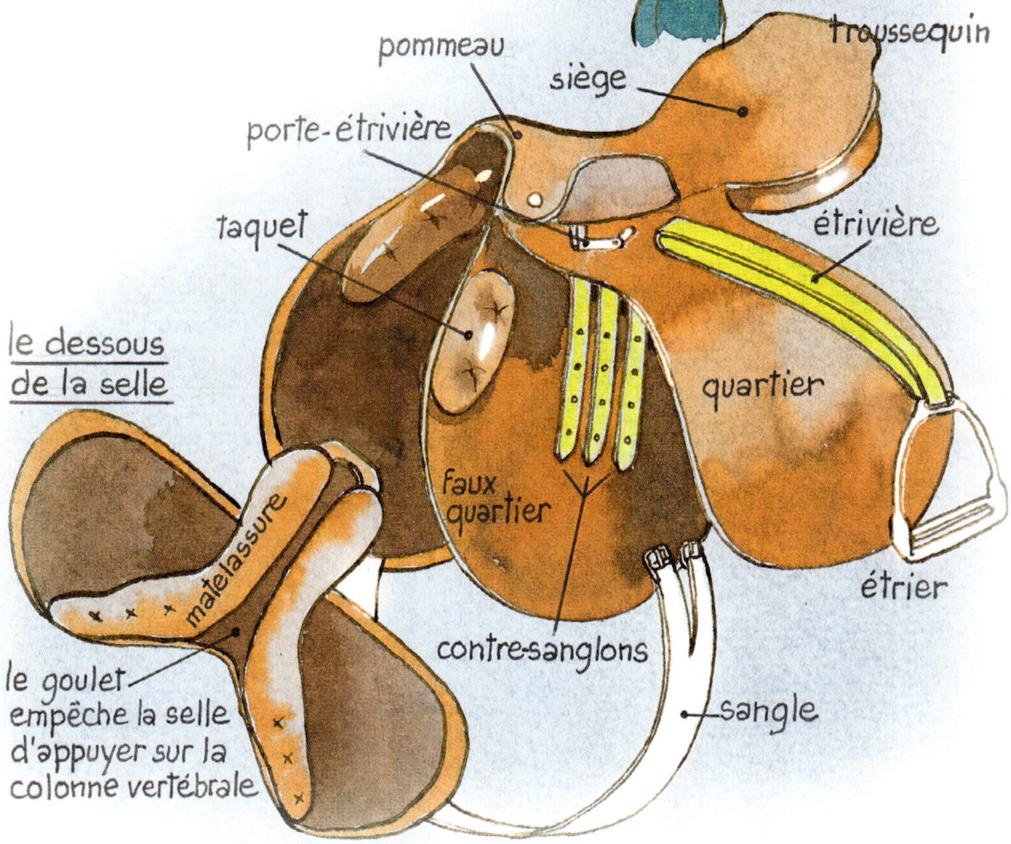

METTRE ET ENLEVER UNE COUVERTURE (OU UNE CHEMISE)

En hiver, des poils longs et chauds poussent naturellement sur le corps du cheval et le protègent du froid. C'est le poil d'hiver, qui tombe au printemps pour laisser place au poil d'été, court et soyeux. Avec son poil d'hiver, le cheval qui travaille transpire abondamment. Cette transpiration a du mal à sécher après le travail, et le cheval risque de prendre froid. Pour cette raison, les chevaux de sport sont généralement tondus. Il faut alors les protéger du froid avec une couverture lorsqu'ils ne sont pas montés. Par temps frais et après une épreuve, on peut mettre au cheval une chemise (couverture fine en toile).

Description de la couverture

Elle est plus ou moins chaude suivant les usages et recouvre l'ensemble du corps du cheval. La couverture se boucle au niveau du poitrail et une lanière passe parfois sous la queue pour maintenir l'arrière. Un système de sanglage ventral et des sangles de cuisses maintiennent la couverture en place. Certains modèles, sans sanglage ventral, sont maintenus par un surfaix.

Mettre une couverture en place

En te mettant à gauche, fais passer tout le côté droit de la couverture vers la droite. Prends comme repère l'axe de la couverture qui doit prendre place au niveau de la colonne vertébrale. Fais ensuite passer la lanière sous la queue, boucle-la et avance la couverture pour qu'elle soit tendue. En te plaçant derrière, tu peux vérifier qu'elle a la même longueur sur les deux côtés. Il faut ensuite fermer les boucles ou les velcros de poitrail : l'avant ne doit pas bailler ni être trop serré.

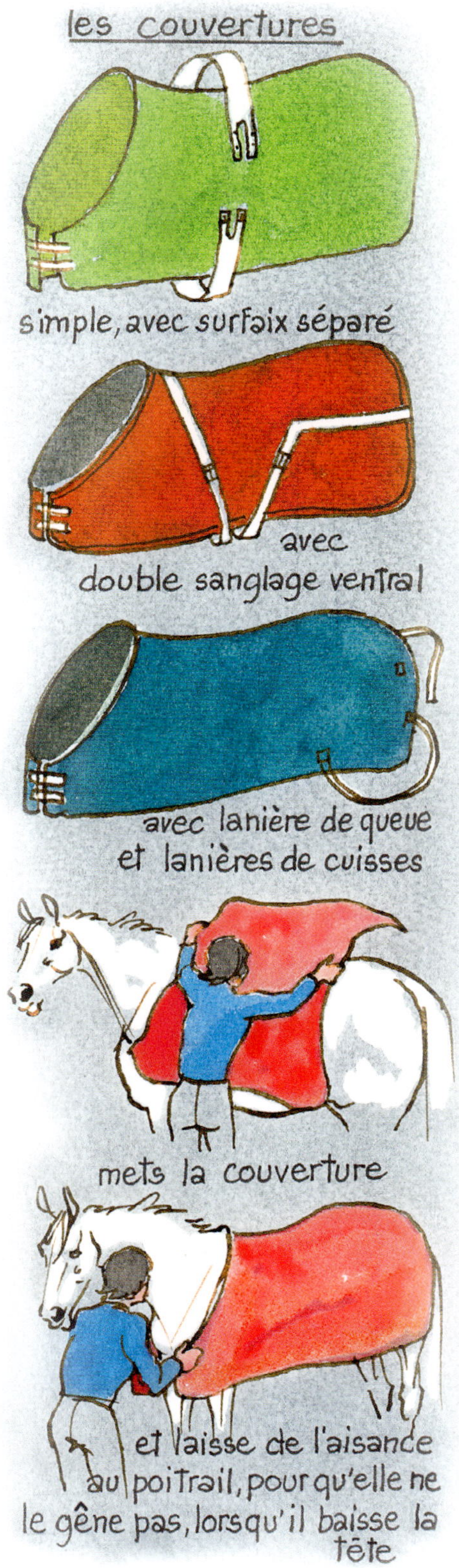

À SAVOIR

Les tailles des couvertures dépendent des tailles des chevaux.
Ne laisse pas traîner la couverture par terre et déplie-la pour la sécher si elle est mouillée.
Pour les grands chevaux, il est préférable d'être deux pour mettre une couverture en place.

METTRE ET ENLEVER UNE COUVERTURE (OU UNE CHEMISE)

Mets ensuite en place le système de sanglage ventral et les sangles de cuisse s'il y en a.
Évite de trop serrer les sangles car le cheval doit rester à l'aise dans sa couverture.
S'il n'y a pas de sanglage ventral, mets un surfaix juste en arrière du garrot et ne le serre pas trop.

Enlever une couverture

Commence par déboucler les sangles ventrales et celles des cuisses. Ouvre les boucles de poitrail et la sous-queue.
Il y a ensuite deux manières de plier la couverture :

❶ En la saisissant au niveau du garrot et de la queue, soulève-la, tire-la sur le côté et plie-la.

❷ En la laissant sur le cheval, replie plusieurs fois la partie arrière vers l'avant. Tire-la ensuite sur le côté et replie l'ensemble.
Pliée ainsi, il sera plus facile de la remettre en place si tu es seul.

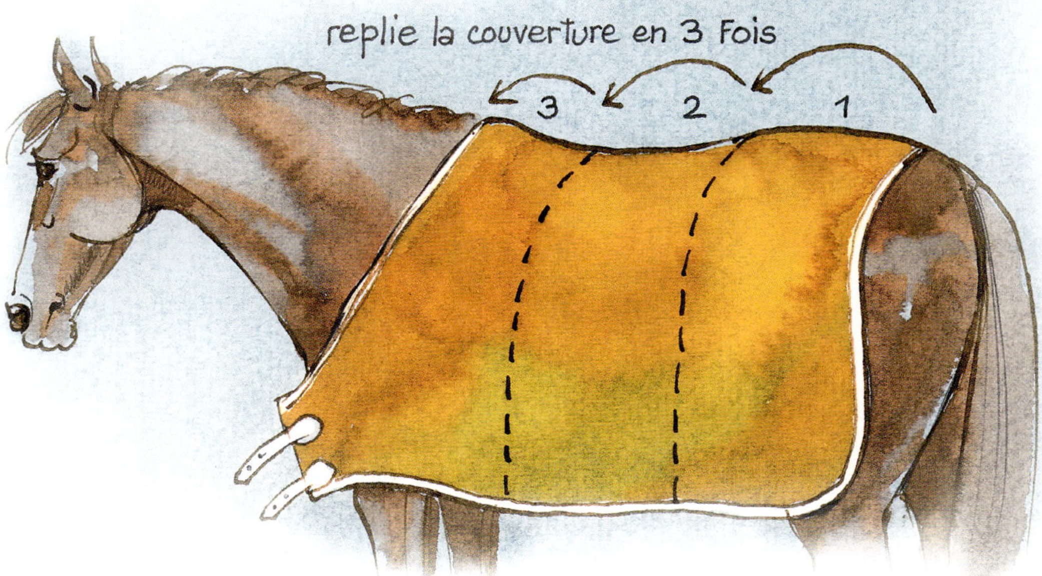

Le harnachement mal entretenu s'use rapidement. Il perd sa souplesse, peut blesser le cheval et n'assure plus le confort du cavalier. L'entretien du cuir se fait en deux opérations :

→ Nettoyer la boue et la sueur sur les deux faces du cuir, avec une éponge enduite de savon glycériné (savon gras). Mettre beaucoup de savon, mais peu d'eau.

→ Périodiquement, il faut nourrir le cuir avec de la graisse à cuir ou un produit cirant, pour qu'il retrouve sa souplesse naturelle surtout, s'il a été mouillé par la pluie. Si le cuir est très sec, masse-le en le graissant. Ainsi, la graisse pénètre mieux.

Le bridon

Il est préférable de démonter complètement le bridon pour l'entretenir et pour vérifier toutes les pièces. Vérifie les coutures et l'usure des endroits en contact avec le mors. Nettoie ensuite toutes les pièces avec du savon glycériné avant de les graisser.

La selle

Démonte la sangle et les étrivières. Passe soigneusement tous les éléments en cuir au savon glycériné. Les parties qui ne sont pas en contact avec le cavalier peuvent être régulièrement légèrement graissées. Les selles en synthétique sont simplement lavées.

La sangle

La sangle est débarrassée de toute trace de boue. Les modèles en coton ou en synthétique sont soigneusement lavés à l'eau savonneuse puis rincés. La sangle en cuir est passée au savon glycériné.

À SAVOIR

À l'état naturel, le cuir, formé par la peau d'un animal (vache dans la plupart des cas), est souple et humide. Après tannage, le cuir se dessèche progressivement s'il n'est pas entretenu. Il faut donc le nettoyer et l'assouplir avec un corps gras. Attention : l'excès de graisse favorise la moisissure.

ENTRETENIR LE HARNACHEMENT (CUIRS ET ACIERS)

Les protections de travail

Elles sont lavées au jet ou dans un seau d'eau, puis séchées. Graisse modérément les sangles en cuir, pour éviter que le sable n'y adhère.

Le tapis

Le tapis en coton est simplement brossé et lavé à l'eau claire et au savon. Les poils collés au tapis sont régulièrement brossés. Il faut éviter que la sueur séchée raidisse le tapis. Le mieux est d'utiliser un lave-linge.

Les aciers

Fais tremper le mors avant de le frotter avec une petite brosse ou un tampon à vaisselle.

Sais-tu ce qui se passe dans le club lorsque tu n'y es pas ?
Ton moniteur ou ta monitrice a beaucoup de choses à faire en plus des leçons d'équitation : gestion, enregistrement des licences, comptabilité, accueil, etc.
Il peut être aidé par une secrétaire et secondé par des élèves moniteurs stagiaires.
Un palefrenier spécialisé peut également soigner les chevaux.

La cavalerie du club

Les chevaux qui appartiennent au club
Ce sont des « chevaux d'école ». Mercredi, samedi et dimanche, ils sont généralement montés plus que les autres jours. Tu as certainement ton préféré, mais le moniteur attribue les chevaux en fonction du niveau des cavaliers.

Les chevaux de propriétaires
La plupart des clubs hébergent des chevaux ou des poneys qui appartiennent à des propriétaires. Le propriétaire peut alors monter son cheval quand il veut. Il règle le prix de la pension, et le club se charge de son entretien.

Une journée de cheval

Tôt le matin, le cheval reçoit son premier repas. Ensuite, les boxes sont curés, les chevaux sont pansés, à moins que les cavaliers du club s'en chargent. Le cheval sera ensuite monté plusieurs heures réparties dans la journée. À midi, il reçoit son deuxième repas. Le troisième repas, le plus important, est donné le soir.

Les activités du club

La principale activité consiste généralement à préparer les examens d'Équitation. Les reprises regroupent les cavaliers de mêmes niveaux. Des promenades ont également lieu aux beaux jours. La plupart des clubs proposent des compétitions, parfois des rallyes et des randonnées.

Cheval ou poney

Officiellement, est classé poney un sujet mesurant moins de 1,47 m au garrot. Il peut alors participer aux compétitions officielles réservées aux poneys. Mais pour faire la différence entre le minuscule shetland et le grand Français de selle, le New Forest ou autre, les poneys sont classés en quatre catégories de tailles. Sache enfin que pour participer à des compétitions officielles, chevaux et poneys doivent être inscrits dans une des races reconnues par les Haras Nationaux.

LES PARTIES DU LICOL, DU FILET ET DE LA SELLE

Les harnachements sont généralement composés de :

→ Parties en cuir ou en matières synthétiques.

→ Parties métalliques ou en plastique telles que les boucles, le mors, etc.

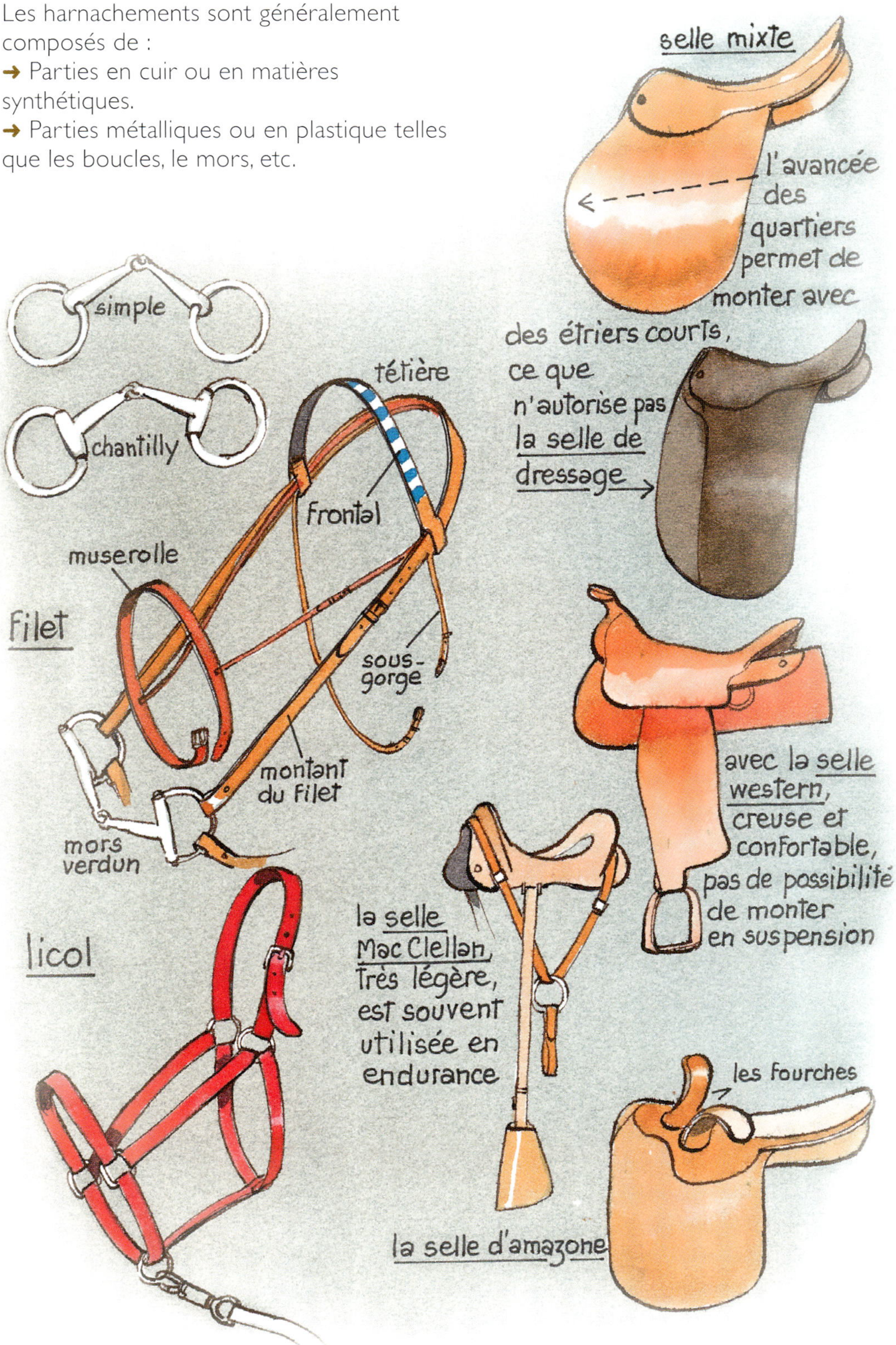

PARTICULARITÉS DES ROBES (MARQUES BLANCHES SUR LA TÊTE ET LES MEMBRES)

Les mêmes robes peuvent avoir des nuances différentes. On parle par exemple de « bai cerise », lorsque cette robe présente des nuances rouges ou de « bai brun » pour un cheval qui est presque noir. Les marques plus ou moins étendues de poils blancs servent également à différencier les robes et aident à effectuer le « signalement du cheval ».
Selon l'emplacement, ces marques blanches sont appelées :

→ **Liste** sur le chanfrein. La liste peut être étroite, large, régulière, déviée...

→ **En-tête** sur le front. L'en-tête peut présenter la forme d'une étoile, d'une pelote, d'un losange...

→ **Balzane** à l'extrémité d'un membre. Les balzanes peuvent être plus ou moins étendues et plus ou moins régulières. On parle par exemple de balzane à mi-canon, pour préciser sa hauteur.

À savoir également :

→ Une zone de peau dépigmentée aux extrémités des lèvres se nomme **ladre**.

→ La **raie de mulet** est une bande sombre qui va de la crinière à la queue.

→ Un cheval dont la tête est plus foncée que le reste du corps est appelé **cap de Maure**.

→ La robe du cheval **zain** est caractérisée par l'absence de poils blancs.

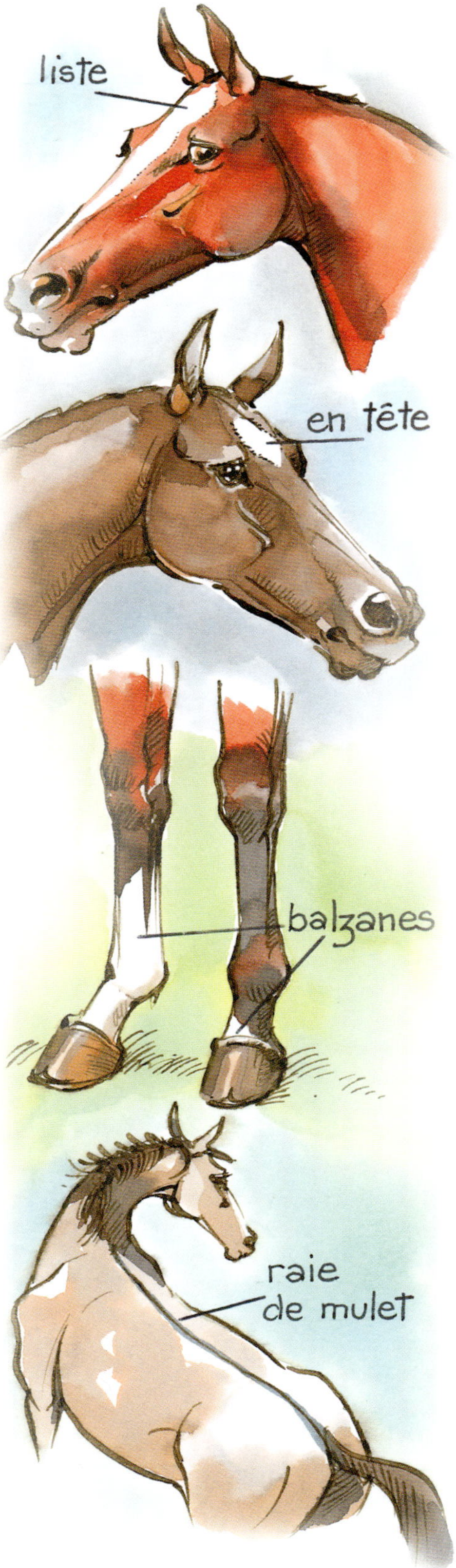

À SAVOIR

Les particularités des robes servent à identifier les chevaux. En fonction des saisons et après la tonte, la couleur de la robe se modifie. La robe grise s'éclaircit au fur et à mesure que le cheval prend de l'âge.

LES AIDES NATURELLES ET ARTIFICIELLES

Pour communiquer avec ta monture et lui transmettre des indications, tu te sers d'un certain nombre de moyens appelées « aides ». On parle alors de langage des aides. Les aides peuvent être naturelles ou artificielles.

Les aides naturelles

➜ Les **mains**.
➜ Les **jambes**.
➜ Le **poids du corps** par l'intermédiaire de l'assiette. L'assiette est la qualité qui permet au cavalier de rester maître de son équilibre en toutes circonstances.
➜ La **voix** permet de communiquer, récompenser, calmer ou gronder le cheval.

Les aides artificielles

Elles sont utilisées lorsqu'il faut renforcer ou améliorer la précision de l'action des jambes.
Les trois principales sont :
➜ La cravache ;
➜ Les éperons (à utiliser plus tard) ;
➜ La chambrière.

Tableau d'utilisation des aides naturelles

Effet recherché	Mains	Jambes	Assiette	Voix
Mettre le cheval en avant		X	X	
Accélérer		X	X	
Ralentir	X		X	
Tourner	X	X	X	
Récompenser le cheval	X			X

En observant un cheval en liberté qui avance énergiquement ou accélère brutalement, tu peux remarquer qu'il utilise surtout ses postérieurs pour se propulser.
À chaque pas, le cheval engage ses postérieurs sous sa masse (sous son corps) : on parle d'impulsion.
Par définition, l'impulsion est l'énergie utilisée par le cheval pour créer le mouvement.
L'impulsion peut être naturelle ou acquise par un travail de dressage.

un cheval dans l'impulsion
marche
d'un pas énergique

Comment stimuler et utiliser l'impulsion

À l'état naturel, les chevaux ne manifestent pas tous la même impulsion, car leurs tempéraments sont différents. Certaines races, dites « de sang », ont une impulsion marquée qui les prédestinent à se porter énergiquement en avant.
D'autres chevaux, moins énergiques, ont naturellement peu d'impulsion.
L'impulsion est une qualité indispensable en équitation.
Le cavalier doit apprendre à stimuler cette impulsion, à la contrôler et à l'entretenir, pour tirer le meilleur parti de son cheval.

À SAVOIR

L'impulsion est stimulée par les actions des jambes et de l'assiette.
La cravache et les éperons renforcent l'action des jambes du cavalier pour « mettre le cheval en avant ».
Cravache et éperons ne doivent être utilisés que par des cavaliers qui, à cheval, sont maîtres de leurs mouvements.

en jouant, libéré
de toute appréhension,
décontracté,
tu te serviras
naturellement
de tes jambes

LES AIDES POUR AVANCER

Pour avancer, tu dois solliciter l'impulsion du cheval, et l'entretenir. Voici comment procéder :

➜ Commence par desserrer légèrement les doigts sur les rênes.

➜ Agis avec les deux jambes à la sangle, en exerçant des pressions brèves et intermittentes avec les mollets, sans « battre des jambes ». Si le cheval rechigne à t'obéir, répète tes actions plus énergiquement. S'il n'obéit toujours pas, tu peux le stimuler avec ta cravache, mais sans manifester de brutalité.

➜ Dès que le cheval obéit, accompagne le mouvement de son dos avec le jeu de ton propre bassin.

➜ Avec les mouvements de ton bassin, tu incites ton cheval à « allonger sa foulée », ce qui le fait accélérer.

Erreur à éviter

En agissant avec les jambes, il ne faut surtout pas agiter ses mains en tirant sur la bouche du cheval, qui recevrait dans ce cas deux ordres contradictoires : être porté en avant avec les jambes et être ralenti avec les mains.

À SAVOIR

De nombreux chevaux désobéissent par manque d'expérience et de détermination du cavalier débutant. Lorsque tu es à cheval, montre-toi énergique, ce qui ne veut pas dire brutal.

À cheval, tu dois respecter les règles de conduite envers les autres cavaliers, les piétons et les véhicules rencontrés.
Sur la route, tu es schématiquement assimilé à une bicyclette. Tu dois donc respecter les panneaux de signalisation, les feux tricolores, les interdictions, etc.

Voici quelques conseils :

➜ En toutes circonstances, il faut rester maître du cheval que tu montes, et te montrer courtois et prudent avec les personnes que tu rencontres.

➜ Dans les agglomérations, reste au pas pour ne pas effrayer les piétons. Conseille-leur gentiment de ne pas s'approcher de ton cheval.

➜ Sur les chemins, ne galope pas sans visibilité, car tu pourrais te trouver nez-à-nez avec un piéton ou un autre cavalier.

➜ Lorsque tu croises un autre cavalier, passe au pas, salue-le et conserve tes distances pour éviter que les chevaux ne se querellent.

➜ Avant de dépasser un autre cheval, demande l'autorisation à son cavalier et dépasse-le en t'écartant suffisamment.

➜ La nuit, tu dois porter des vêtements clairs équipés de bandes indiquant ta présence aux véhicules, lumière blanche devant et rouge derrière.

Zones réglementées ou interdites

L'accès aux plages est généralement réglementé.
Un panneau aux entrées de plage signale les interdictions.

Dans les forêts, certains chemins sont interdits.
Un panneau indique les pistes cavalières.
Il est formellement interdit d'aller dans le sous-bois.

Dans les agglomérations, en plus des panneaux habituels, des interdictions peuvent être destinées aux chevaux.

Tu peux aussi t'entraîner avec le CD-Rom inclus.

1 Sais-tu comment procéder pour régler les étriers tout en étant à cheval ?

A ❑ Commencer par dégager la boucle de l'étrivière.

B ❑ Défaire complètement la boucle de l'étrivière.

C ❑ Mettre pied à terre.

D ❑ Remonter la boucle sous le petit quartier après avoir réglé l'étrivière.

E ❑ Lâcher complètement les rênes pour régler les étriers.

2 Que faut-il faire pour sangler tout en étant à cheval ?

A ❑ Lâcher complètement les rênes.

B ❑ Garder les rênes ajustées dans la main droite.

C ❑ Reculer la jambe gauche.

D ❑ Avancer la jambe gauche.

E ❑ Déboucler complètement les contre-sanglons.

3 Pour remettre au pas un cheval qui est au trot, il faut :

A ❑ Se pencher fortement en avant.

B ❑ Tirer fort sur les rênes.

C ❑ Redresser le buste.

D ❑ Soutenir les poignets, les rênes étant ajustées.

E ❑ Avancer les jambes.

F ❑ Conserver les mollets en contact sans les serrer.

4 Pour rechercher son équilibre au trot sur les étriers, il faut :

A ❑ Faire le dos rond et se pencher en avant.

B ❑ Incliner légèrement le buste en avant en gardant le dos plat.

C ❑ Ne pas regarder par terre.

D ❑ Garder les talons bas.

E ❑ Avancer les jambes.

Réponses p. 110

5 Que faut-il faire pour passer à l'allure supérieure ?

- **A** ❑ Garder le cheval sur la piste.
- **B** ❑ Agir progressivement avec les mollets.
- **C** ❑ Laisser filer les rênes dès que le cheval accélère.
- **D** ❑ Profiter d'un tournant pour partir au galop.
- **E** ❑ Frapper violemment le cheval avec la cravache.

6 Pour conduire avec précision un cheval, il faut :

- **A** ❑ Avoir les rênes ajustées.
- **B** ❑ Tirer fort sur une rêne pour surprendre le cheval.
- **C** ❑ Prendre un point de repère pour doubler dans la largeur.
- **D** ❑ Avancer les deux jambes.
- **E** ❑ Taper avec une seule jambe pour faire tourner le cheval.
- **F** ❑ Tourner le buste dans la direction à prendre.

7 Que faut-il faire pour trotter enlevé ?

A ❑ Incliner légèrement le buste en avant.

B ❑ Se raccrocher aux rênes.

C ❑ Retomber brusquement dans la selle.

D ❑ Reculer légèrement les jambes.

E ❑ Entretenir l'allure pour que le cheval ne repasse pas au pas.

F ❑ Se pencher en arrière.

8 En observant ces quatre cavaliers, tu dois pouvoir cocher les bonnes cases pour chacune de ces situations.

	Cavalier 1	Cavalier 2	Cavalier 3	Cavalier 4
Cavalier assis	❑	❑	❑	❑
Cavalier en suspension	❑	❑	❑	❑
Antérieur droit posé	❑	❑	❑	❑
Antérieur gauche posé	❑	❑	❑	❑

Réponses p. 110

9 Au galop, il faut :

A ❑ Se mettre en équilibre si le galop est rapide.

B ❑ Se pencher en avant en restant assis.

C ❑ Se raccrocher aux rênes.

D ❑ Suivre les mouvements
de l'encolure avec les mains.

E ❑ Arrondir le dos et s'asseoir
en arrière de la selle.

F ❑ Relâcher complètement les rênes.

10 En sautant de petits obstacles, il faut :

A ❑ Aborder l'obstacle en face et au milieu.

B ❑ Regarder par terre en sautant.

C ❑ Se mettre en équilibre sur des étriers réglés un peu courts.

D ❑ S'accrocher aux rênes.

E ❑ Relâcher complètement les rênes pendant le saut.

11 Pour conserver l'équilibre en terrain varié, il faut :

A ❑ Se pencher en arrière dans les montées.

B ❑ Se mettre en équilibre au-dessus de ses étriers dans les montées.

C ❑ Se redresser dans les descentes.

D ❑ Descendre une forte pente au galop.

E ❑ Rester au pas dans une longue montée.

12 Pour respecter les mesures de prudence en terrain varié, il faut :

A ❑ Ne jamais sauter un obstacle si on ne voit pas de l'autre côté.

B ❑ Après une longue montée, laisser souffler le cheval.

C ❑ Ne pas galoper sur du goudron.

D ❑ Accélérer sans prévenir lorsqu'on est en groupe.

E ❑ Descendre de cheval sans prévenir lorsqu'on est en groupe.

F ❑ Laisser son cheval accélérer sur le chemin du retour.

Réponses p. 110

EFFECTUER UN PANSAGE COMPLET

13 Note en face des définitions les numéros des instruments de pansage qui figurent sur les dessins.

A ☐ Sert à brosser l'ensemble de la robe.

B ☐ Sert à décrotter les parties charnues du cheval.

C ☐ Lave les yeux et les naseaux.

D ☐ Dégage les saletés tassées sous les sabots.

E ☐ Étrille qui sert également à brosser les crins.

F ☐ Sert à enlever la poussière en surface.

G ☐ Sert à enlever la poussière à la base du poil.

14 Inscris dans les cases un numéro de 1 à 4 pour indiquer l'ordre d'exécution de ces étapes du pansage :

A ☐ Brosser avec un bouchon.

B ☐ Étriller.

C ☐ Passer l'époussette.

D ☐ Passer la brosse douce.

BRIDER

15 Quelles sont les précautions nécessaires pour brider ton cheval ?

A ❑ Brider le cheval libre après l'avoir sellé.

B ❑ Taper avec le mors sur les dents pour qu'il ouvre sa bouche.

C ❑ Toucher le moins possible les oreilles en passant la têtière.

D ❑ Laisser pendre les rênes.

E ❑ Placer le toupet par-dessus le frontal.

F ❑ Attacher le cheval avec les rênes.

G ❑ Serrer au maximum la sous-gorge.

16 Lorsque le filet est en place, il faut vérifier que :

A ❑ Les commissures des lèvres ne sont pas comprimées.

B ❑ Les montants sont bien à plat.

C ❑ La sous-gorge ne comprime pas la gorge.

D ❑ Une oreille n'est pas coincée par la têtière.

E ❑ Le frontal est placé par-dessus le toupet.

Réponses p. 110

SELLER

17 Comment procéder pour seller correctement un cheval ?

A ❑ Remonter les étriers pour transporter la selle.

B ❑ Poser la selle en arrière et la glisser vers l'avant.

C ❑ Laisser tomber la sangle, qui va frapper les tendons.

D ❑ Placer la sangle à un plat de main derrière les coudes des antérieurs.

E ❑ Dégarrotter le tapis de selle.

F ❑ Serrer tout de suite la sangle à fond.

18 Lorsque ton cheval est sellé, il faut vérifier que :

A ❑ La selle est correctement sanglée.

B ❑ Un étrier n'est pas coincé sous la selle.

C ❑ Les faux quartiers ne sont pas retournés.

D ❑ Le tapis ne fait pas de pli.

E ❑ La sangle est placée contre les antérieurs.

F ❑ Le tapis comprime le garrot.

METTRE ET ENLEVER UNE COUVERTURE

19 Quelles précautions faut-il prendre pour mettre et enlever correctement une couverture ?

A ❑ Laisser de la liberté au niveau du poitrail.

B ❑ Boucler les sangles pour que la couverture ne tourne pas.

C ❑ Mettre n'importe quelle couverture sans tenir compte de la taille.

D ❑ Mettre la couverture sur un cheval sec.

E ❑ Plier la couverture en l'enlevant.

F ❑ Ranger la couverture dans un endroit sec.

20 Que sais-tu sur les couvertures ?

A ❑ Elles protègent le cheval tondu.

B ❑ Toutes les couvertures sont utilisées avec un surfaix.

C ❑ Une chemise est plus fine qu'une couverture.

D ❑ Couvertures et chemises doivent être régulièrement lavées.

Réponses p. 110

ENTRETENIR LE HARNACHEMENT

21 Quelles précautions faut-il prendre avec le matériel ?

- **A** ❑ Éviter de laisser les cuirs sous la pluie.
- **B** ❑ Poser la selle et le bridon directement par terre.
- **C** ❑ Entretenir régulièrement les cuirs.
- **D** ❑ Ranger la selle dans un endroit sec.
- **E** ❑ Ne pas laisser la selle à portée des dents du cheval.
- **F** ❑ Laver le mors après chaque usage.
- **G** ❑ Débarrasser la sellerie des souris qui rongent les cuirs.

22 Sais-tu comment entretenir le harnachement ?

- **A** ❑ Laver les cuirs à grande eau.
- **B** ❑ Nettoyer régulièrement les cuirs avec du savon glycériné.
- **C** ❑ Démonter le bridon pour le nettoyer à fond.
- **D** ❑ Graisser les cuirs pour les assouplir.
- **E** ❑ Vérifier que le harnachement n'est ni usé ni décousu.
- **F** ❑ Laver régulièrement le tapis de selle.

LES PARTIES DU LICOL ET DU FILET

23 Note dans les bonnes cases de la liste les numéros correspondant aux différentes parties du filet représenté sur le dessin.

A ☐ Montant de filet

B ☐ Muserolle

C ☐ Frontal

D ☐ Têtière

E ☐ Sous-gorge

F ☐ Montant de la muserolle

G ☐ Rênes

H ☐ Mors

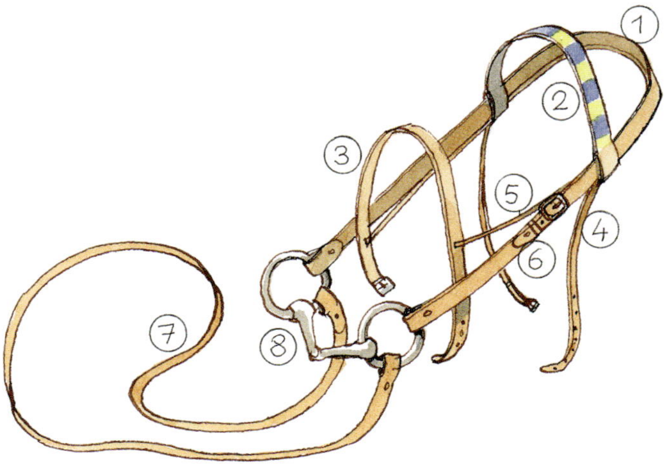

24 Note dans les bonnes cases de la liste les numéros correspondant aux différentes parties du licol représenté sur le dessin.

A ☐ Boucle du licol

B ☐ Longe

C ☐ Montant

D ☐ Alliance

E ☐ Sous-gorge

F ☐ Anneau

G ☐ Mousqueton

H ☐ Muserolle

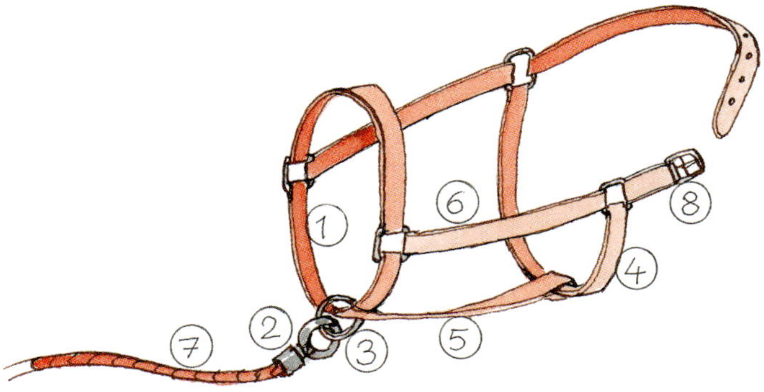

Réponses p. 110

LES PARTIES DE LA SELLE

25 Note dans les bonnes cases de la liste les numéros correspondant aux différentes parties de la selle représentée sur le dessin.

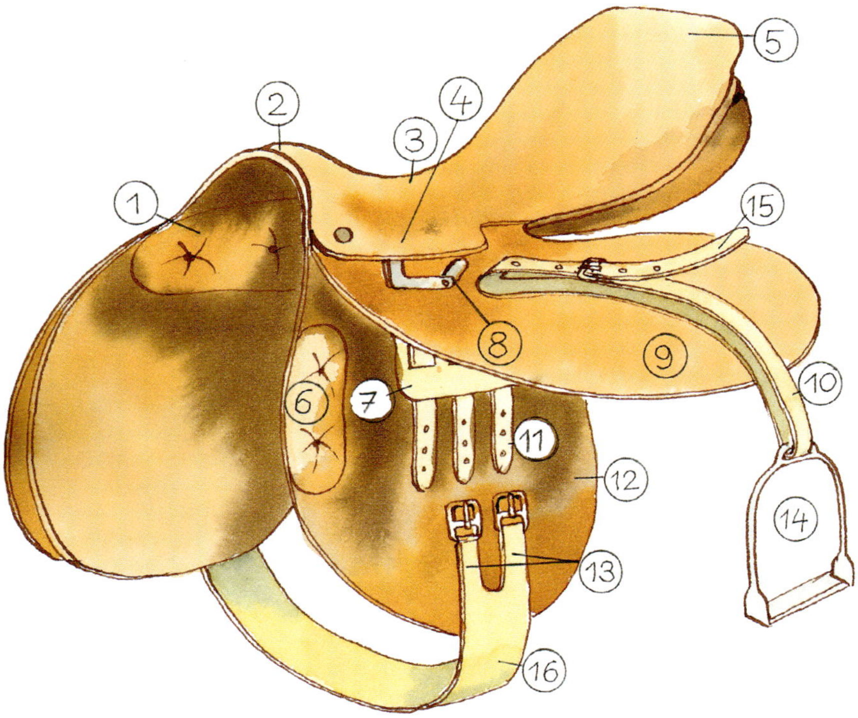

A ☐ Troussequin

B ☐ Quartier

C ☐ Pommeau

D ☐ Contre-sanglons

E ☐ Matelassure

F ☐ Taquet

G ☐ Couvre-boucles

H ☐ Sangle

I ☐ Petit quartier

J ☐ Siège

K ☐ Couteau d'étrivière

L ☐ Pendant d'étrivière

M ☐ Étrivière

N ☐ Faux quartier

O ☐ Étrie

P ☐ Sanglons

LES DIFFÉRENTES SELLES

26 Note dans les bonnes cases de la liste les numéros correspondant aux différentes parties du filet représenté sur le dessin.

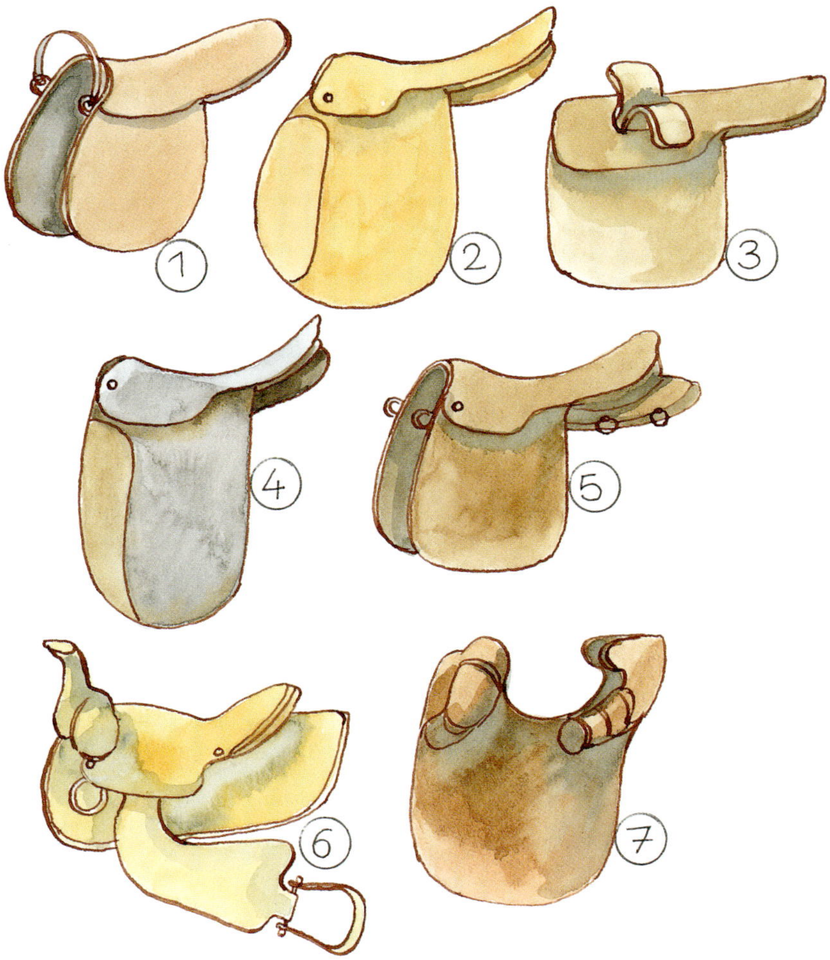

A ☐ Selle de poney ou bardette

B ☐ Selle de club

C ☐ Selle de dressage

D ☐ Selle de randonnée

E ☐ Selle western

F ☐ Selle camargue

G ☐ Selle d'amazone

Réponses p. 110

PARTICULARITÉS DES ROBES

27 Les robes des chevaux peuvent présenter des particularités qui permettent de les différencier. Connais-tu les principales particularités ?

A ❑ Une marque blanche sur un membre s'appelle une balzane.

B ❑ Une liste se situe sur le dos du cheval.

C ❑ Une marque blanche sur le chanfrein s'appelle une liste.

D ❑ L'en-tête est une marque blanche sur le front.

E ❑ La pelote est un petit en-tête.

F ❑ Le ladre est une zone rose sans poils située sous le ventre.

28 Coche les propositions exactes.

A ❑ Les crins d'un cheval bais sont noirs.

B ❑ La raie du mulet est une ligne foncée sur le dos.

C ❑ Un cheval alezan ne peut pas avoir de balzane.

D ❑ Les balzanes ont toutes la même longueur.

LES PARTIES DU LICOL ET DU FILET

29 Coche les cases correspondant aux aides naturelles ou artificielles.

	Nom de l'aide	Aides naturelles	Aides artificielles
A	Mains	❑	❑
B	Cravache	❑	❑
C	Éperons	❑	❑
D	Jambe	❑	❑
E	Voix	❑	❑
F	Poids du corps	❑	❑

30 Coche les cases correspondant aux actions faisant intervenir les mains ou les jambes.

	Effet recherché	Mains	Jambes
A	Mettre le cheval en avant	❑	❑
B	Accélérer	❑	❑
C	Ralentir	❑	❑
D	Tourner	❑	❑

Réponses p. 110

IMPULSIONS ET AIDES POUR AVANCER

31 Que sais-tu sur l'impulsion du cheval ?

A ❑ Un cheval dans l'impulsion marche d'un pas énergique.

B ❑ Certains chevaux ont naturellement plus d'impulsion que d'autres.

C ❑ En équitation, l'impulsion est un défaut.

D ❑ Le cavalier entretient l'impulsion avec ses jambes.

E ❑ Un cheval « dans l'impulsion » engage ses postérieurs.

32 Sais-tu quelles aides utiliser pour avancer ?

A ❑ Il faut accompagner le dos du cheval avec son propre bassin.

B ❑ Des pressions successives des jambes font avancer le cheval.

C ❑ Les coups dans la bouche font avancer le cheval.

D ❑ Ce sont les mains qui font avancer le cheval.

E ❑ Un petit coup de cravache sur l'épaule réveille l'impulsion.

F ❑ Les mains ne doivent pas contredire les jambes.

SÉCURITÉ DANS LE CLUB ET À L'EXTÉRIEUR

33 Connais-tu les principales règles de sécurité que tout cavalier doit respecter dans le club ?

A ❑ Attacher le cheval n'importe où.

B ❑ Attacher le cheval avec les rênes.

C ❑ Laisser le cheval en liberté dans le club.

D ❑ Laisser un petit enfant jouer près des chevaux.

E ❑ Être très prudent dans tous les contacts avec les chevaux.

34 Connais-tu les principales règles de sécurité que tout cavalier doit respecter à l'extérieur ?

A ❑ Marcher à droite et en file sur une route.

B ❑ Traverser une route sans regarder.

C ❑ Attacher le cheval à une gouttière.

D ❑ Marcher en dehors des chemins en forêt.

E ❑ Ne pas marcher sur des terrains cultivés.

F ❑ Respecter le code de la route.

Réponses p. 110

RÉPONSES AUX QUESTIONS

Numéro des questions		Bonnes réponses
Équitation 	1	A, D
	2	B, D
	3	C, D, F
	4	B, C, D
	5	A, B, D
	6	A, C, F
	7	A, D, E
	8	assis : 2, 3, 4 ; en suspension : 1 ; droit posé : 1, 3 ; gauche posé : 2, 4
	9	A, D
	10	A, C
	11	B, C, E
	12	A, B, C
Soins 	13	A5, B1, C6, D4, E7, F3, G2
	14	A2, B1, C4, D3
	15	C, E
	16	A, B, C, D
	17	A, D, E
	18	A, B, C, D
	19	A, B, D, E, F
	20	A, C, D
	21	A, C, D, E, F, G
	22	B, C, D, E, F
Connaissances 	23	A6, B3, C2, D1, E4, F5, G7, H8
	24	A8, B7, C6, D5, E4, F3, G2, H1
	25	A5, B9, C2, D11, E1, F6, G7, H16, I4, J3, K8, L15, M10, N12, O14, P13
	26	A1, B2, C4, D5, E6, F7, G3
	27	A, C, D, E
	28	A, B
	29	naturelles : A, D, E, F ; artificielles : B, C
	30	mains : C, D ; jambes : A, B, D
	31	A, B, D, E
	32	A, B, E, F
	33	E
	34	A, E, F

Après avoir vérifié le bon état général de sa monture et lui avoir ajusté le harnachement, ÊTRE CAPABLE de diriger sa monture aux trois allures, sur des sauts isolés ou en terrains variés.

ÉQUITATION

Au pas

Au trot

Au galop

Saut et/ou en terrain varié

SOINS

CONNAISSANCES

Quand tu auras lu attentivement tout ce qui concerne le programme du galop 3, rendez-vous page 140 ou sur le CD-Rom pour tester tes connaissances !

Après avoir vérifié le bon état général de sa monture et lui avoir ajusté le harnachement, ÊTRE CAPABLE de diriger son cheval aux trois allures, sur des sauts isolés ou en terrains variés.

Rappel : Les aides sont les moyens dont dispose le cavalier pour communiquer avec sa monture.
➜ Poids du corps, mains, jambes et voix sont les aides naturelles.
➜ Cravache et éperons sont les aides artificielles.

L'emploi des aides

Les aides peuvent :
➜ **Agir** pour communiquer une demande au cheval. Exemple : les mains agissent pour faire tourner le cheval.
➜ **Résister**, pour prolonger ou renforcer une demande. Exemple : pendant la volte, les mains peuvent résister pour maintenir le cheval sur le cercle.
➜ **Céder**, en arrêtant d'agir ou de résister. Exemple : à la fin de la volte, les mains cèdent pour permettre au cheval de continuer sur la piste.
En agissant avec ses mains, il ne faut pas bouger involontairement les jambes, et inversement. Tout cavalier doit perfectionner « l'indépendance de ses aides ».

À SAVOIR

En progressant, le cavalier perfectionne son « tact équestre » qui lui permet d'agir de manière juste, au bon moment et en tenant compte du caractère et des réactions de chaque cheval.

Notions de contact

Le cavalier doit établir un contact avec son cheval pour que ses aides soient efficaces. Ce contact permet au cavalier de communiquer avec sa monture, en percevant ses réactions et en tenant compte pour se faire obéir.
Ce contact s'établit avec :
➜ **Le poids de son corps**, qui est réparti différemment suivant les buts recherchés.
➜ **Les mains**, qui serrent plus ou moins les rênes et jouent sur les articulations des poignets, coudes et épaules.
➜ **Les jambes**, avec le contact des mollets et des cuisses tournées sur leur plat.

la reprise est arrêtée
sur une ligne

première difficulté :
sortir du rang

deuxième difficulté :
évoluer individuellement

un bon exercice
d'autorité contrôlée

Évoluer seul

Au niveau galop 3, tu dois être capable de te déplacer individuellement, sans que ta monture suive les autres chevaux de la reprise. Généralement, le moniteur demande aux cavaliers de la reprise de se ranger l'un à côté de l'autre sur la ligne du milieu du manège. Ensuite, à tour de rôle, chaque cavalier sort du groupe pour évoluer tout seul à l'allure indiquée.

Difficultés rencontrées

→ Le cheval ne veut pas se séparer des autres.
→ Il ne veut pas garder l'allure voulue et cherche à quitter la piste pour les rejoindre.

Partir et revenir au pas en un endroit précis

Pour effectuer un parcours individuellement :
→ Prépare-toi : chausse les étriers, corrige ta position et ajuste tes rênes pour être en mesure de diriger ton cheval.
→ Agis progressivement avec tes jambes pour mettre le cheval en mouvement dans la direction choisie. Des actions de jambes répétées et énergiques sont généralement nécessaires pour l'obliger à se séparer des autres car, naturellement, les chevaux cherchent à rester groupés.
→ Dirige-toi vers l'endroit fixé en insistant avec les jambes pour que le cheval reste au pas.
→ Garde tes rênes ajustées pour qu'il se sente guidé et ne revienne pas rejoindre les autres chevaux.
→ Si tu évolues sur la piste, ajuste la rêne extérieure (côté mur) un peu plus courte, et tiens la cravache dans l'autre main (main intérieure) pour inciter le cheval à garder la piste.

À SAVOIR

Lorsque tu es seul, le cheval a tendance à chercher à rentrer à l'écurie. À l'extérieur, il est particulièrement difficile de séparer les chevaux qui cherchent à se rejoindre, parfois à vive allure.

Trotter enlevé sur le diagonal désiré

Au trot enlevé, le cavalier s'accorde avec l'un des bipèdes diagonaux et se laisse légèrement enlever un temps sur deux, en reprenant le fond de la selle le temps suivant.
Par définition, tu trottes à **droite** si tu te rassieds lorsque le **diagonal droit** (antérieur droit et postérieur gauche) est **à l'appui**, et inversement.
Pour changer de diagonal, il suffit de rester assis dans la selle (ou debout) deux temps d'affilée.

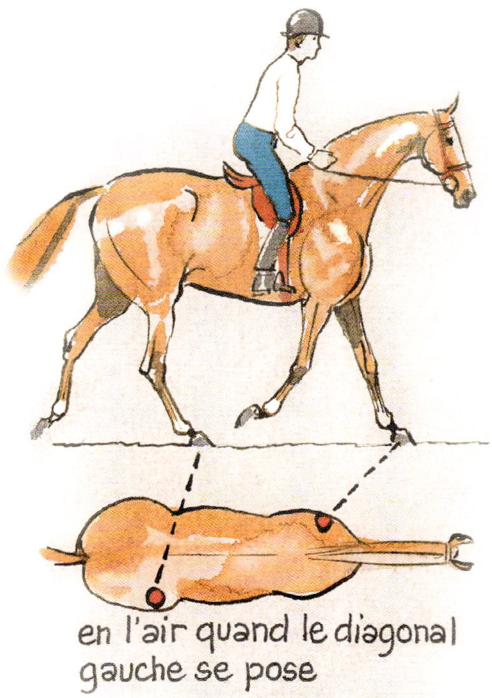

Stabiliser son équilibre sur les étriers

Contrairement à la position en équilibre, où le buste est légèrement incliné en avant, au trot assis, le cavalier doit garder le buste vertical. Un bassin souple absorbe les secousses du trot sans que les fesses ne décollent de la selle.

Évoluer seul

Lorsque tu évolues seul au trot, il faut entretenir l'impulsion du cheval avec tes jambes, pour éviter qu'il ne repasse au pas. Pour éviter de bouger les mains, tu peux les poser sur l'encolure lorsque tu es au trot enlevé. En principe, tu dois trotter enlevé sur la piste, mais rester au trot assis pendant que tu exécutes des figures.
Tu apprendras plus tard, pourquoi il faut parfois changer de diagonal au trot enlevé.

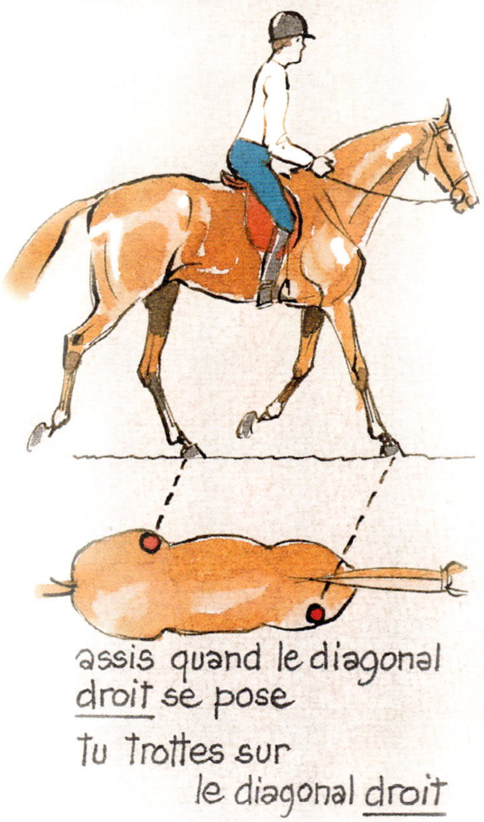

À SAVOIR

Ne tire pas sur tes rênes pour te soulever de la selle et n'avance pas les jambes, car tu aurais du mal à te soulever. Pour trotter sur le bon diagonal, tu peux compter dans ta tête « un » lorsque le diagonal sur lequel tu veux trotter vient à l'appui, et « deux » pour l'autre temps. Il suffit alors d'être assis en prononçant « un ».

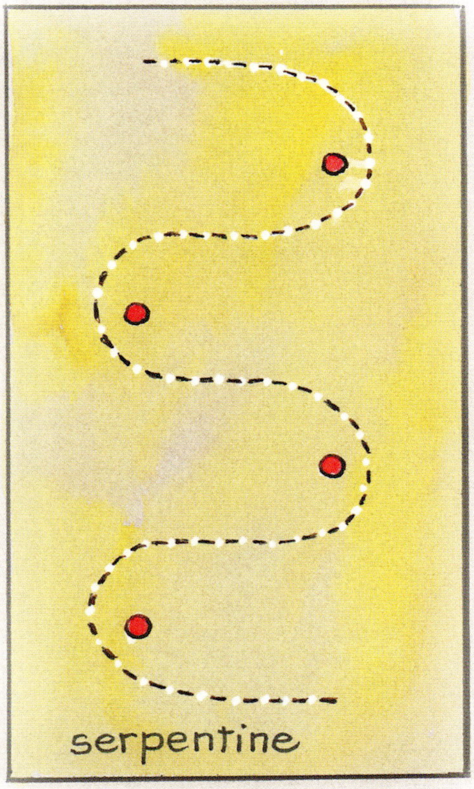

Conduire sur des courbes serrées

Pour conduire le cheval au trot sur des courbes serrées, il faut commencer par ralentir avant de tourner.
Il est préférable de tourner au trot assis. Regarde dans la direction où tu dois aller, et dispose rapidement tes aides pour tourner. Tu dois agir avec des aides un peu plus marquées et plus précises que pour un virage large.

Le doubler

Dans un doubler dans la largeur sur une ligne donnée, prépare tes aides, car avec la vitesse du trot, le cheval ne peut pas tourner instantanément lorsque tu le lui demandes.

Si tu étais au trot enlevé, pense à changer de diagonal chaque fois que tu changes de main.

Le slalom

En effectuant un slalom à cheval, il faut « inverser tes aides » en passant sur la ligne formée par les plots, pour trotter toujours sur le diagonal extérieur. N'essaie pas de tourner serré tant que le cheval n'est pas équilibré dans son allure, ou qu'il se défend contre la main.

À SAVOIR

Lorsqu'au trot enlevé tu veux allonger l'allure, c'est au moment où tu reprends le fond de la selle qu'il faut agir avec les deux jambes. Si le cheval est jeune ou qu'il n'est pas suffisamment assoupli, évite de tourner serré.

Rechercher son équilibre assis

Rappel :

Le cavalier peut galoper :

→ En équilibre au dessus de ses étriers, qui ont été raccourcis, le buste incliné en avant, les jambes en place, les talons bas, les mains éventuellement en appui sur l'encolure.
→ Assis, le buste droit, les épaules en arrière, en suivant le mouvement de bascule du cheval (3e temps) par le jeu de ses reins et de son dos. L'assiette épouse le mouvement du dos du cheval.
Contrairement au trot où l'encolure et la tête du cheval sont relativement fixes, au galop, l'encolure bouge et le cavalier doit accompagner le balancement avec ses bras.

Évoluer seul

Comme aux autres allures, pour évoluer seul au galop, il faut :
→ Maintenir le galop pour que le cheval ne se remette pas au trot ou au contraire, cherche à « prendre la main » en accélérant.
→ Assurer la conduite avec ses mains.
→ Garantir son propre équilibre et son aisance.
Chaque fois que tu changes de direction, le cheval doit changer de pied : galop à droite s'il tourne à droite, galop à gauche s'il tourne à gauche.

À ton niveau, tu peux remettre ton cheval au trot quelques foulées pour qu'il se mette au galop sur le bon pied après avoir changé de direction.

À SAVOIR

À l'extérieur, c'est au galop que le cheval fait généralement des écarts, accélère brutalement ou se livre à des sauts de mouton. Il faut donc se méfier du premier galop fait pendant la promenade !

Partir au galop en un point précis et sur le bon pied

Rappel :

Naturellement, et pour des raisons d'équilibre, le cheval galope sur le pied droit pour tourner à droite, et inversement. Dans un manège, le cavalier piste à main droite doit donc galoper sur le pied droit; et inversement. Mais sur une ligne droite, le cheval peut partir au galop sur le pied droit ou sur le pied gauche. C'est donc au cavalier de lui demander de galoper sur le pied choisi en disposant ses aides correctement. Ne demande pas de départ au galop tant que le cheval n'est pas équilibré dans son allure et que tu ne contrôles pas sa vitesse.

Départ au galop à droite

Le cheval au pas ou au trot doit disposer d'une bonne impulsion.

→ Préparation

Tu peux légèrement traverser le cheval avec une jambe isolée gauche (extérieure) qui pousse les hanches vers l'intérieur du manège (droite). L'avant-main est maintenue sur la piste avec les deux rênes ajustées.

→ Déclenchement du départ

Buste droit, commande avec les jambes le départ au galop à droite. Si le cheval rechigne, renforce l'action de tes aides. Ensuite, accompagne le mouvement du galop. Il te reste à vérifier que le cheval galope sur le bon pied.

→ Vérification

Ne te penche pas vers la droite, car le cheval pourrait changer de pied. Baisse simplement le regard pour constater que l'épaule droite prend de l'avance sur l'autre. Tu dois également sentir le mouvement de ton bassin de la gauche vers la droite, et de l'arrière vers l'avant.

À SAVOIR

Par définition, dans un manège, le cheval piste à main droite est « juste », s'il galope sur le pied droit, et inversement. Lorsque le cheval galope, à droite par exemple, ne te penche pas à droite pour vérifier sur quel pied il galope, car le fait de mettre ton poids à droite l'incite à changer de pied.

Rechercher son équilibre sur les étriers sur des sauts isolés et/ou en terrain varié

Les grandes familles d'obstacles

→ Les **cavaletti** sont des petits obstacles utilisés pour apprendre au cavalier à sauter. Leur hauteur est généralement inférieure à 50 cm.

→ Les **obstacles mobiles** de concours sont faits généralement de barres qui tombent en cas de choc.

→ Les **obstacles fixes** sont imposants : tronc, stère... En cross, ils peuvent être disposés dans des pentes.

→ Les **franchissements naturels** ne comportent pas forcément de saut : ce sont les difficultés naturelles rencontrées sur le PTV (Parcours en Terrain Varié).

À SAVOIR

Sur de petits obstacles, évite de trop incliner le buste vers l'avant. Mais le plus important est de ne pas gêner le mouvement de l'encolure pendant le saut. Il est inutile d'aller vite dans la phase d'abord.

S'équilibrer en terrain varié

Dans les **montées**, mets-toi en équilibre, en tenant éventuellement une poignée de crins si la pente est forte, car en restant en arrière, tu gênes les reins du cheval.
Dans les **descentes**, ralentis, redresse le buste en position verticale, mets-toi en appui sur les étriers. Tu peux t'appuyer avec les mains au niveau du garrot.

Contrôler l'allure à l'abord et à la réception de sauts isolés et/ou en terrain varié

Sauts isolés

Pour se familiariser avec le saut de petits obstacles, il est préférable de rester au trot. Dans la **phase d'abord**, le cheval doit être calme et équilibré, sans tirer sur les rênes.

➜ Les jambes restent vigilantes au contact, entretiennent l'impulsion pour que le cheval ne soit pas tenté de refuser.

➜ Pour éviter que le cheval accélère, garde les mains au contact, prêtes à résister.

Si le cheval prend la main en accélérant brusquement, le moniteur te conseillera certainement de ne pas sauter, mais de mettre le cheval sur un grand cercle pour le ralentir et le rééquilibrer.

Après avoir franchi l'obstacle, le cheval doit conserver son allure sans ralentir ni profiter d'un manque d'équilibre du cavalier pour accélérer.

En terrain varié

Les petits obstacles peuvent être enjambés au pas : tronc avec des branches par exemple. Dans les montées, évite de galoper. Reste au pas dans les descentes, pour éviter que le cheval ne se laisse emporter par la pente, surtout si le sol n'est pas stable. Dans les passages boueux et profonds, laisse une importante liberté d'encolure au cheval, car il a besoin de son balancier naturel pour s'équilibrer. Dans les parcours de CSO ou de cross, la vitesse est imposée en fonction du niveau de l'épreuve.

À SAVOIR

Il ne faut jamais sauter un obstacle si on ne connaît pas la réception. Sur un terrain glissant, reste au trot ou au pas. Ne fais pas sauter le cheval si le sol est inégal, dur, gelé ou trop boueux.

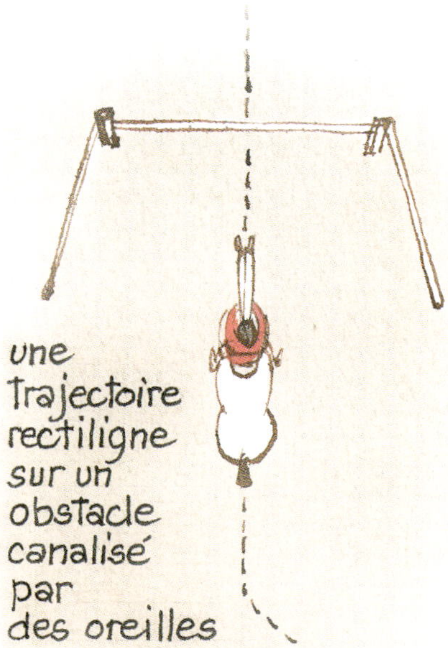

Conduire à l'abord et à la réception de sauts isolés et/ou en terrain varié

Un cheval qui rechigne à sauter ou qui est mal conduit peut dérober dans les dernières foulées en passant à côté de l'obstacle. Généralement il accélère.

Sur des sauts isolés

Les oreilles, ou barres en biais disposées de part et d'autre de l'obstacle, aident à canaliser le cheval. Pour éviter une dérobade :

➜ Dans la phase d'abord, ne laisse pas le cheval zigzaguer. Il doit être encadré avec des rênes ajustées et des jambes au contact pour conserver son impulsion et lui manifester ton autorité.

➜ Aborde l'obstacle au milieu et perpendiculairement, car en sautant de biais, le cheval est tenté de dérober.

➜ Conserve un tracé rectiligne, même après la réception.

Si le cheval dérobe à droite par exemple, il faut l'arrêter au plus tôt, et le ramener sur l'obstacle par la gauche.

En terrain varié

➜ Les montées et les descentes, doivent être abordées de face, car de biais le cheval peut glisser sur le côté.

➜ Ne pénètre pas dans l'eau si tu ne connais pas la profondeur et la nature du fond.

➜ Il est préférable de marcher au fond d'une ornière, car si les bords sont glissants, le cheval peut déraper ; en randonnée, si ton cheval porte des sacoches, tiens compte de sa « surlargeur », entre les arbres par exemple.

À SAVOIR

Le sens de franchissement des obstacles de cross ou de CSO (Concours de Saut d'Obstacles), est défini par des fanions de couleur : rouge à droite et blanc à gauche. Certains obstacles peuvent être franchis dans les deux sens. Ils ont donc deux paires de fanions.

INSPECTION DES MEMBRES ET SOINS ÉLÉMENTAIRES AVANT ET APRÈS LE TRAVAIL

Le pansage du cheval se complète de certaines vérifications : blessures dues au harnachement, inspection des pieds, de la ferrure et des tendons.

Inspection et soins aux pieds

Inspection

Il faut curer les pieds avant et après le travail pour les quatre raisons suivantes :

➜ Dégager les lacunes.

➜ Nettoyer la sole en enlevant tout corps étranger.

➜ S'assurer que les fers ne sont pas trop usés et qu'ils sont solidement fixés aux sabots.

➜ Vérifier l'état de la corne (présence de seime), s'assurer que le pied n'est pas blessé et qu'il est froid (le toucher avec le dos de la main).

Soins

Une à deux fois par semaine, il faut graisser la corne pour conserver sa souplesse. Passe l'onguent de pieds avec un pinceau sur toute la paroi du sabot et sur la sole. Il est préférable de graisser au retour du travail pour que les frottements n'enlèvent pas la graisse.

Membres et pieds

Vérifications

En brossant le membre sur toute sa longueur, passe la main sur les genoux, les jarrets, les tendons et les boulets pour déceler une éventuelle chaleur anormale, un engorgement (partie enflée) ou une sensibilité inhabituelle.
Le pied peut également souffrir d'une atteinte due à un choc.
Vérifie aussi que les plis des paturons ne présentent pas de crevasses.

À SAVOIR

Si la corne s'effrite et que les crins sont cassants, le cheval souffre certainement d'un déséquilibre alimentaire.
Il faudra lui donner des vitamines.
Toute chute anormale de poils doit être signalée au moniteur ou au palefrenier.

Soins

Au retour du travail, douche les membres pour les nettoyer. Le jet d'eau masse également les tendons sur les deux côtés. Sèche ensuite soigneusement les plis des paturons pour éviter la formation de crevasses.

Reste du corps

Les zones qui peuvent être blessées par le harnachement sont :

➜ Les parties de la **tête** en contact avec les montants du bridon, la zone située sous la muserolle, et les parties de la bouche en contact avec le mors.

➜ La partie du **corps** en contact avec la selle, particulièrement au niveau du **garrot**.

Une peau fripée ou la présence d'une boule (gonfle) doit être signalée.

➜ Le **passage de sangle,** qui peut être blessé par la sangle, doit être vérifier avec soin.

Précautions après le travail

Si le cheval a été monté longtemps, en randonnée par exemple, ne desselle pas dès l'arrivée pour éviter la formation d'une gonfle. Après avoir dessanglé de deux trous et marché quelques temps, il faut attendre que la circulation du sang se soit rétablie normalement avant d'enlever la selle. Tu peux bouchonner le cheval pour réactiver la circulation du sang sous la selle.

➜ Ne laisse pas un cheval dessellé sous la pluie ou dans le vent. Mets-lui une couverture.

INSPECTION DES MEMBRES ET SOINS ÉLÉMENTAIRES AVANT ET APRÈS LE TRAVAIL

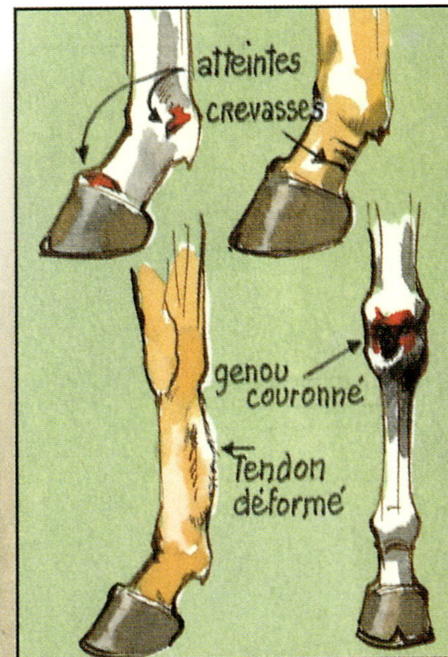

→ S'il est mouillé, il faut le bouchonner longuement avec une poignée de paille sèche (ou des serviettes) pour le sécher et activer la circulation du sang.
→ Ne le laisse pas boire trop d'eau froide d'un seul trait. Fais-le boire en plusieurs fois.
→ Lorsque le temps le permet, tu peux le doucher entièrement et essorer ensuite son poil avec le couteau de chaleur.

par temps chaud, tu peux doucher entièrement.
essore le poil au couteau de chaleur
pour éviter un refroidissement

La litière isole le cheval du froid, assure son confort lorsqu'il se couche et absorbe ses urines. La litière traditionnelle est faite de paille qui peut être remplacée par d'autres matières absorbantes comme les copeaux, le lin, la tourbe et même le papier haché. En grignotant la paille de sa litière, le cheval occupe son ennui et améliore son lest intestinal (fibres prenant du volume dans le tube digestif) comme il le ferait en pâture en broutant de l'herbe.

Comment entretenir la litière

→ Chaque matin, il faut retirer les crottins et enlever avec la fourche la paille souillée, puis remettre de la paille propre en disposant un bourrelet le long des murs du box.
Cela se nomme « pailler en bateau ».
→ Le soir, et éventuellement à la mi-journée, enlever les crottins ou les mettre dans un coin, et reformer le bourrelet le long des murs, avec de la paille non souillée.
→ Le jour de repos, c'est-à-dire généralement une fois par semaine, curer le box à fond, gratter le fumier collé sur le sol et laver éventuellement le sol en le désinfectant.
Chaque club a ses habitudes, certains curent les boxes à fond deux fois par semaine, mais n'ajoutent pas de paille fraîche chaque jour.

Instruments utilisés

Les instruments traditionnels sont :
→ La **fourche**, qui sert à manier la paille et le fumier.
→ La **raclette**, qui sert à gratter le sol du box.
→ Le **balai** et le **râteau à paille,** pour nettoyer les allées.
→ La **brouette** ou un engin mécanique, pour transporter la paille et le fumier.

À SAVOIR

Certains chevaux souffrent de problèmes respiratoires dus à la présence de poussières dans la paille. Il faut alors remplacer la paille par des copeaux par exemple. En hiver, on peut laisser en place la partie inférieure de la litière (gâteau) qui réchauffe en se décomposant.

AJUSTER LE HARNACHEMENT

Les harnachements sont réglables, car les têtes des chevaux ne sont pas toutes identiques.

Ajustage du filet

→ Les **montants** :
La hauteur du mors dans la bouche du cheval se règle avec les montants. Le réglage est correct lorsque le mors est en contact avec les commissures des lèvres sans les comprimer. Les deux montants se règlent à la même longueur.

→ La **sous-gorge** :
Elle ne doit en aucun cas comprimer la gorge. Elle est bouclée en laissant la valeur d'une main entre elle et la gorge.

→ Le **frontal** ne se règle pas. Choisis sa taille pour qu'il ne serre pas, ni ne baille sur le front.

→ Le **mors de filet** :
Sa longueur dépend de la taille de la bouche du cheval. Elle est correcte, lorsqu'il dépasse de quelques millimètres de chaque côté de la bouche.

→ La **muserolle** :
Elle sert à limiter l'ouverture de la bouche. Son réglage dépend du modèle :
• la muserolle française prend place à deux doigts des apophyses zygomatiques. Elle n'est pas serrée.
• la muserolle allemande se boucle en avant du mors. Elle maintient la bouche fermée sans la comprimer ni gêner les naseaux.
• La muserolle combinée est bouclée de part et d'autre du mors sans comprimer la bouche.

À SAVOIR

Par mesure de sécurité, on évite de boucler les montants au dernier trou (le plus court). On garde un trou pour pouvoir boucler le montant en cas de rupture.
Dans un club, chaque cheval a généralement sa propre embouchure, qu'il faut ranger à sa place après utilisation.

POURQUOI CHANGER DE BIPÈDE DIAGONAL AU TROT ENLEVÉ ?

Le cavalier est amené à changer de diagonal sur lequel il trotte pour plusieurs raisons :

En manège ou en carrière

Pour des raisons d'équilibre, il faut se mettre sur le bipède diagonal extérieur (côté pare-bottes). Tu dois donc changer de diagonal à chaque changement de main. Sur la diagonale, le changement se fait au point X.

À l'extérieur

En promenade, il faut éviter de trotter constamment sur le même diagonal.
Pense à changer régulièrement, pour équilibrer la fatigue des épaules du cheval.

Comment changer de diagonal ?

Tout en restant au trot enlevé, il suffit de rester assis (ou en l'air), pendant deux temps d'affilée pour changer de diagonal.

À SAVOIR

Lorsque le cavalier change de diagonal, le cheval a besoin de deux à trois foulées pour se rééquilibrer. Pour voir sur quel diagonal tu trottes, ne te penche pas en avant, observe les épaules du cheval.

NOTIONS DU RÔLE DE LA FERRURE

Le cheval, monté sur toutes sortes de terrains, doit être ferré pour protéger la corne de l'usure. Les fers sont adaptés à la forme de chaque pied par le maréchal-ferrant. La ferrure comprend également le parage des pieds (taille de la corne), qui doit respecter les aplombs naturels du cheval.

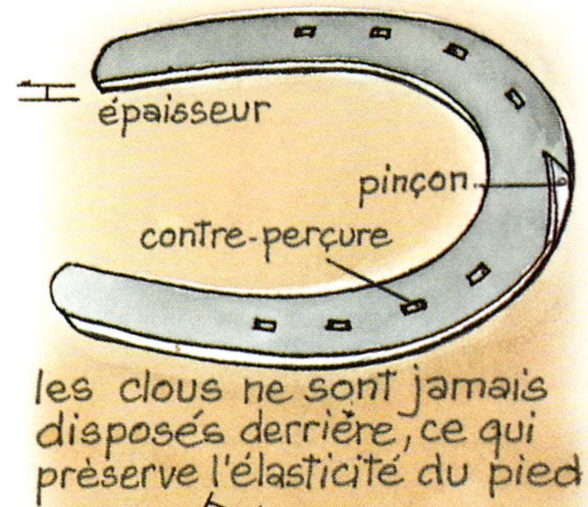

Description du fer

➜ Le fer présente deux branches : externe et interne. Chaque branche a une **rive externe** et une **rive interne**. La distance entre les rives se nomme la **couverture**.

➜ Le fer a **deux faces** : supérieure, en contact avec le sabot, et inférieure, en contact avec le sol. Les trous de la face supérieure se nomment les **contre-perçures.** À la face en contact avec le sol, les **étampures** reçoivent les têtes des clous. Une branche du fer est « **étampée à gras** », lorsque les étampures sont éloignées de la rive externe. Dans le cas contraire, elle est « **étampée à maigre** ». L'**épaisseur** du fer est comprise entre les deux faces.

➜ Le **pinçon** est le petit triangle de métal qui renforce la tenue du fer.

➜ Les fabricants proposent des fers de **tailles** et de modèles différents, suivant les chevaux et les utilisations.

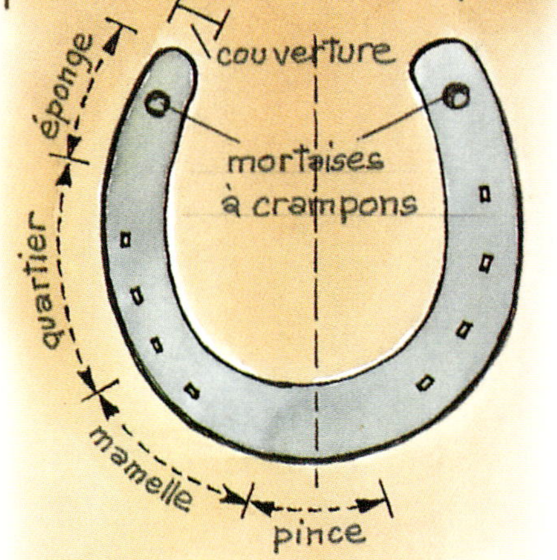

À SAVOIR

Le grain d'orge de la pointe du clou lui donne une trajectoire courbe qui le fait ressortir de la corne. La tête et le collet du clou prennent place dans l'étampure. Malgré l'usure, le clou continue à maintenir le fer contre le sabot.

Différences entre fer antérieur et fer postérieur

➜ **Pinçon** : le fer antérieur n'en a qu'un, alors que le postérieur en a généralement deux sur les côtés.

➜ **Forme** : le fer antérieur est arrondi alors que le postérieur est plus ovale.

Différences entre fer droit et fer gauche

➜ La **pointure** est généralement marquée à l'extrémité de la branche externe.

• La branche externe est légèrement plus allongée et plus arrondie que l'autre.

• La branche externe est étampée plus à gras que la branche interne.

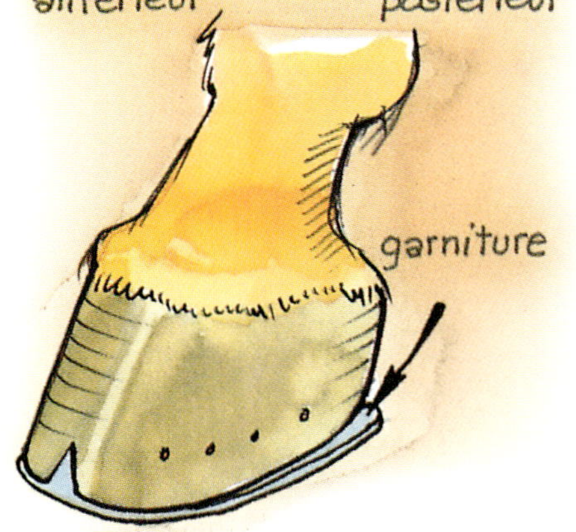

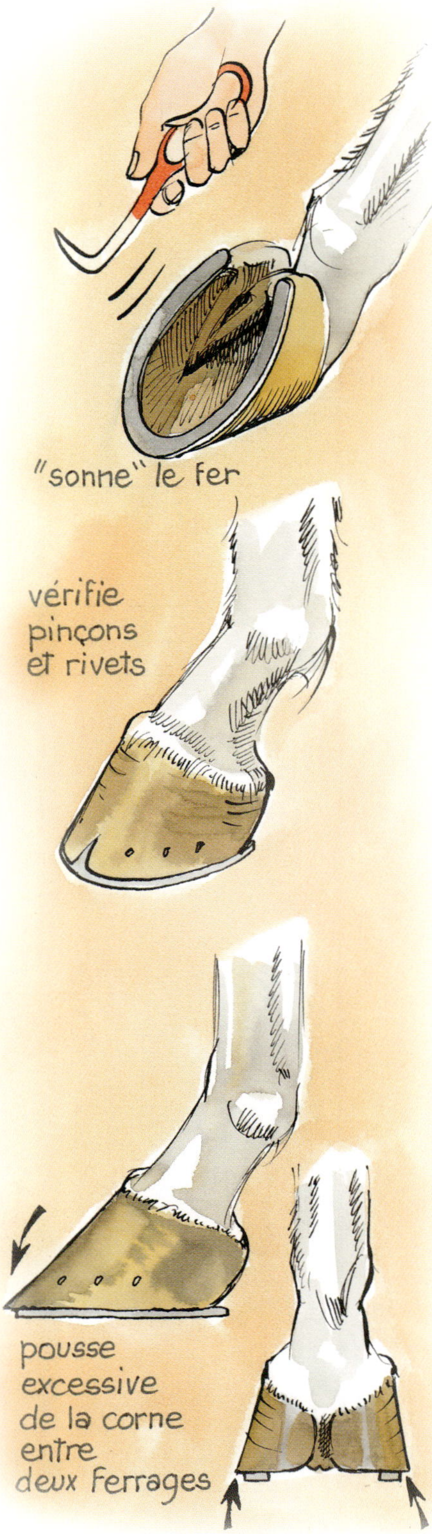

Comment apprécier l'état de la ferrure

Soulève tour à tour les quatre pieds et vérifie les points suivants :

Tenue du fer

« Sonne » le fer en le frappant avec un cure-pied : toute vibration est suspecte. Assure-toi que les rivets et les pinçons sont solidement rabattus contre la corne et que le fer ne bouge pas. En marchant sur la route, tu peux entendre le bruit d'un fer qui commence à bouger. Vérifie aussi que les têtes des clous n'ont pas traversé le fer s'il est trop usé.

Usure du fer

Pour chaque fer, recherche la zone la plus usée, car c'est là que le fer va lâcher. Note que les antérieurs s'usent en priorité en pince (partie située devant). Pour un même travail, certains chevaux usent leurs fers plus rapidement que d'autres. De nombreux poneys, qui évoluent sur des terrains souples, ne sont pas ferrés, mais il faut vérifier régulièrement que la corne ne pousse pas de travers (aplomb correct).

Pousse de la corne

La corne protégée par le fer continue à pousser. Les sabots ont donc tendance à s'allonger, ce qui fatigue les tendons. L'excès de corne d'un « pied trop long » peut également dépasser inégalement sur les côtés du fer, ce qui nuit à l'aplomb et fatigue les membres. La corne pousse plus rapidement par temps chaud, et lorsque le cheval travaille régulièrement.

À SAVOIR

Le cheval doit être referré toutes les quatre à six semaines, sans jamais dépasser deux mois. Même si les fers ne sont pas usés, le maréchal les enlève, taille l'excès de corne et rectifie le sabot (parage), avant de clouer les fers, ajustés à la forme de chaque pied.

DESCRIPTION DE LA TÊTE ET DES MEMBRES
(EXTÉRIEUR)

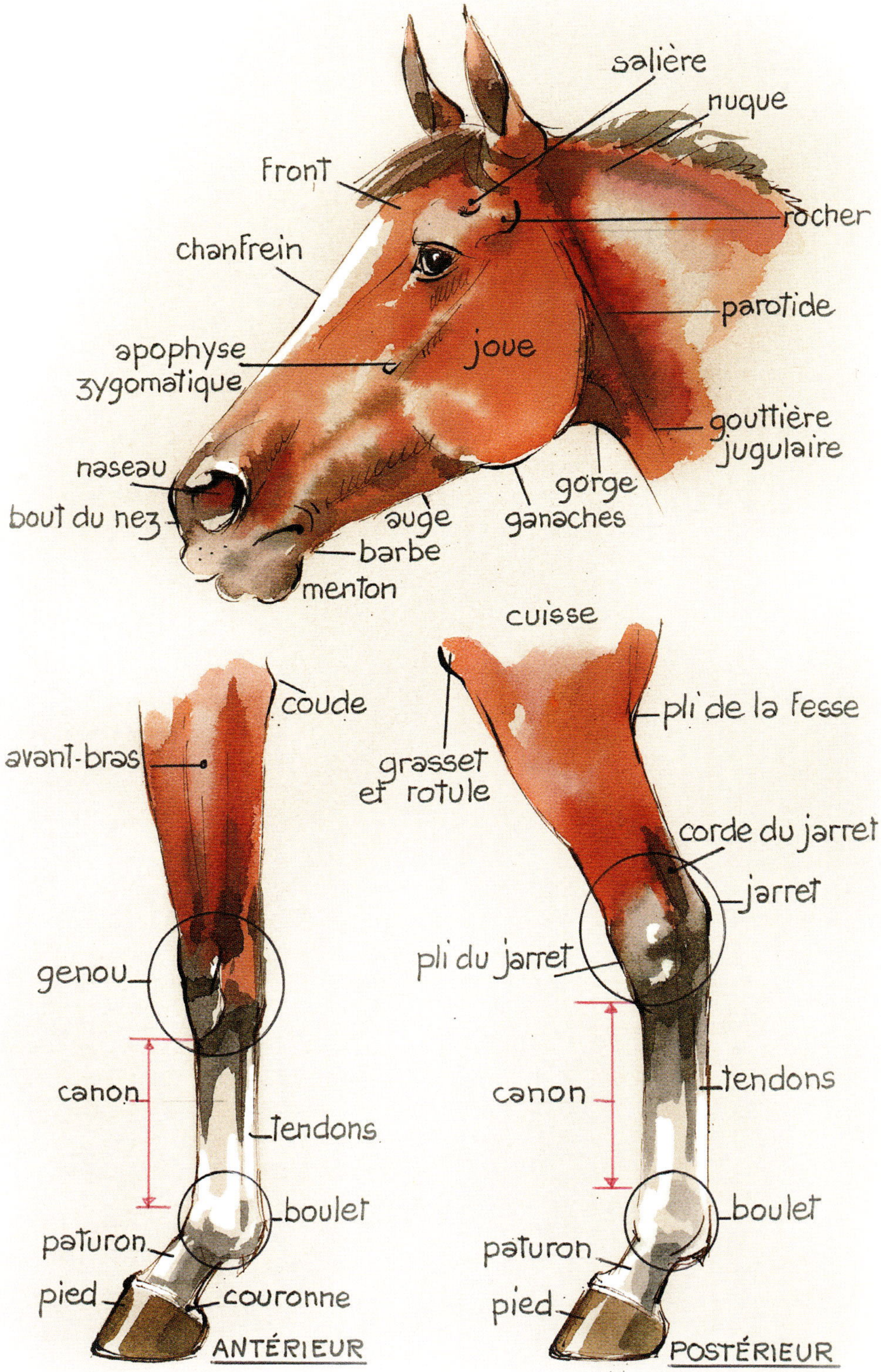

Le pied

Les chairs vives du pied sont protégées par une enveloppe de corne insensible, tout comme nos ongles : le sabot. Le pied est conformé pour amortir les chocs.

L'extérieur du pied

→ **La paroi,** ou muraille, est la partie visible du sabot lorsque le pied est posé. La corne pousse à partir du bourrelet principal tout autour de la couronne, à raison d'environ un centimètre par mois ; c'est l'avalure. La paroi est divisée en quatre régions : pince, mamelle, quartier et talons (avec les arc-boutants).

→ **Le bourrelet périoplique** (ou périople) est une bande située au-dessus de la paroi. Il sécrète un vernis qui protège la corne du dessèchement et de l'excès d'humidité. Tu peux observer ce vernis naturel sur la partie supérieure du sabot.

→ **La face plantaire**, située sous le pied, comprend :

- Sous le pied, la sole en forme de voûte, qui est constituée de corne flexible moins dure que la paroi.
- La fourchette entre les barres, qui se prolonge par les glomes. Les vides latéraux se nomment lacunes latérales. Le creux du milieu est la lacune médiane.
- Les talons et la fourchette, qui s'écartent lorsque le pied vient à l'appui sur le sol, ce qui forme le mécanisme d'amortissement du pied.
- La ligne d'union entre la paroi et la sole, qui se nomme sillon circulaire ou ligne blanche.

À SAVOIR

Quelle que soit son utilisation, le cheval ne peut être performant s'il n'a pas de bons pieds. Les pieds doivent donc faire l'objet de soins réguliers et attentionnés. Toute anomalie doit être signalée à la personne responsable des chevaux.

NOTIONS SUR LES ALLURES
(VITESSES, MÉCANISMES)

Le cheval dispose de trois allures naturelles pour se déplacer : le pas, le trot et le galop. En décrivant l'ordre dans lequel les pieds se posent, on commence par un membre postérieur engagé, au moment où il est à l'appui.

Explications :

→ Une allure est dite marchée lorsqu'un membre est toujours à l'appui. Elle est dite sautée lorsque, pendant la suspension, aucun membre ne touche le sol.

→ Une allure est symétrique lorsque les mouvements des membres gauches sont répétés de la même manière du côté droit.

→ On nomme bipède, l'association de deux pieds.

Le pas

À l'état naturel, le cheval se déplace la plupart du temps au pas. C'est l'allure la plus lente : environ 6 à 7 km par heure (environ 110 m à la minute). Le pas est une allure marchée, symétrique, à quatre temps égaux. Au pas, le cheval fait entendre quatre battues régulières.

Le trot

La vitesse du trot est environ le double de celle du pas : 14 à 15 km par heure (environ 240 m à la minute). Le trot est l'allure habituellede travail. Le trot est une allure sautée, symétrique, à deux temps égaux, correspondant aux battues des deux diagonaux.

Le galop

C'est l'allure la plus rapide, environ le triple de celle du pas : entre 20 et 30 km par heure (400 à 450 m à la minute), avec des pointes qui peuvent atteindre 60 km par heure en course. Le galop est une allure sautée et basculée, dissymétrique, à trois temps inégaux suivis d'une période de projection. Le cheval peut galoper à droite ou à gauche suivant le bipède latéral qui prend de l'avance sur l'autre.

À SAVOIR

Pour te souvenir des vitesses, il faut penser à 7, 14 et 21, soit en km par heure : 7 au pas, 14 au trot et 21 au galop.

LES AIDES DU TOURNER : DEUX RÊNES DANS UNE MAIN, UNE RÊNE DANS CHAQUE MAIN

Suivant le niveau d'équitation du cavalier et le degré de dressage du cheval, les « actions de mains » sont variables. Pour établir un contact qui lui permet de communiquer avec sa monture, le cavalier doit ajuster ses rênes.

Une ou deux mains ?

Tu peux tourner soit :
➜ En ayant une rêne dans chaque main.
➜ En tenant les deux rênes dans une seule main.

Effet direct ou effet contraire ?

Le cavalier peut faire tourner son cheval soit :
➜ Avec un effet direct : le cheval dans ce cas s'incurve dans la direction où il tourne (la rêne d'ouverture est un effet direct).
➜ Avec un effet contraire : le cheval tourne dans un sens en orientant sa tête et son encolure dans le sens contraire. On peut également parler de rêne d'appui.

À SAVOIR

Progressivement, un code s'établit entre le cavalier et le cheval et les actions de main deviennent de plus en plus discrètes.

Tourner avec une rêne dans chaque main

En dirigeant ton regard et en pivotant légèrement ton buste dans le sens où tu veux tourner, tu indiques déjà au cheval ton désir de prendre une direction donnée.

Effet direct

Tourner à droite avec la main droite.
Pour tourner à droite, et inversement :
➜ Dirige ton regard vers la droite et pivote légèrement ton buste dans ce sens.
➜ Tout en tournant les ongles de la main droite vers le haut, ta main droite se porte vers la droite et ta main gauche avance, pour permettre à l'encolure de s'incurver vers la droite.
➜ Tes jambes entretiennent l'impulsion.
➜ Le cheval tourne à droite avec un effet direct de la rêne droite.

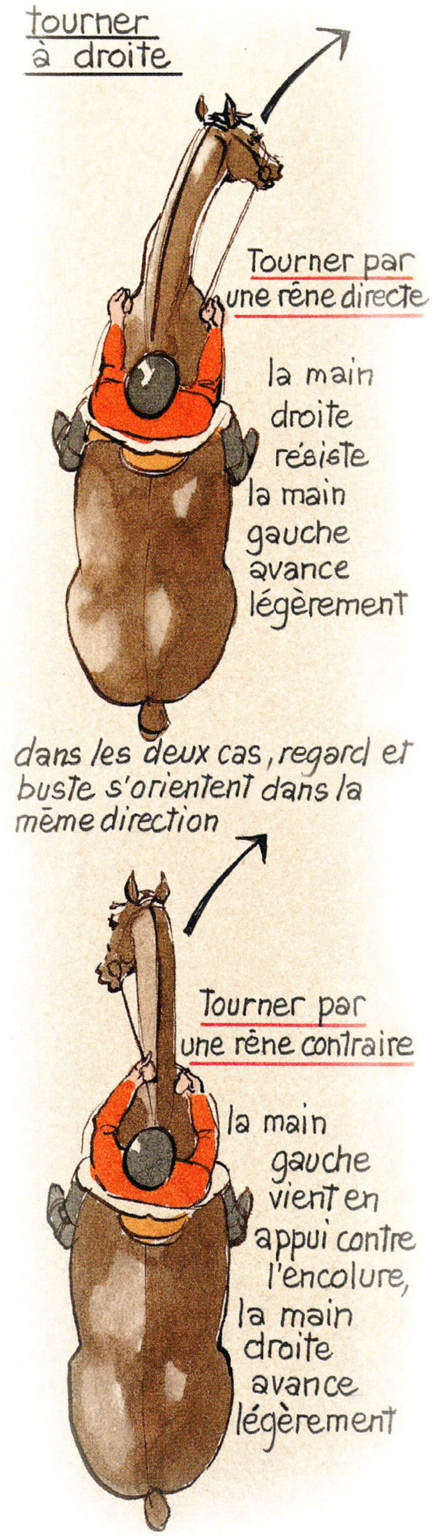

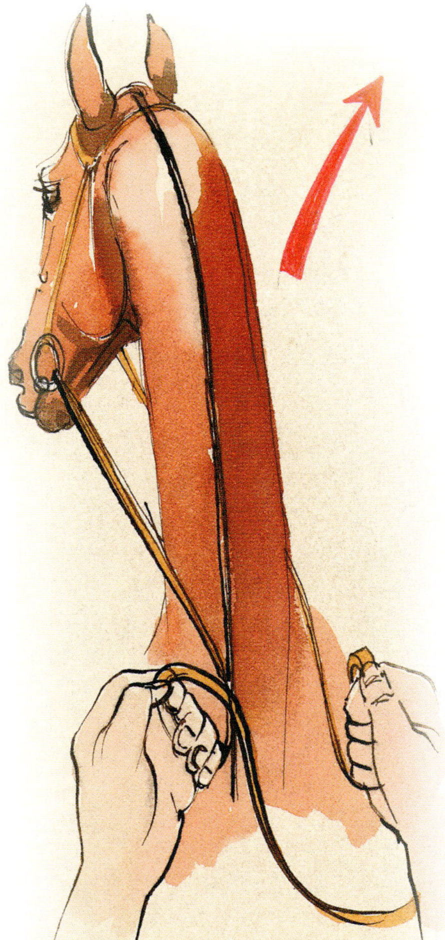

Pendant le tourner, la ligne de tes épaules est restée parallèle à celle du cheval. À la fin du tournant, reprends ta position normale.

Effet contraire

Tourner à droite avec la main gauche, et inversement. Pour tourner à droite, tu peux également te servir de ta main gauche qui agit par un effet contraire.

→ Comme pour l'effet direct, ton regard doit s'orienter dans le sens où tu veux tourner. Pivote également ton buste dans ce sens.

→ Ta main gauche, après avoir porté ses ongles vers le haut, se déplace vers la droite et vers l'avant, pour venir en appui contre la partie supérieure de l'encolure qui s'incurve vers la gauche. Elle ne doit pas dépasser l'axe de l'encolure.

→ Ta main droite avance légèrement pour permettre à l'encolure de s'incurver vers la gauche.

→ Tes jambes entretiennent l'impulsion car le cheval a tendance à ralentir,

→ Le cheval tourne alors à droite par un effet contraire de la main gauche. Pendant le tourner, la ligne de tes épaules est restée parallèle à celle du cheval.
À la fin du tournant, reprends ta position normale.

Tourner avec les deux rênes dans une main

Pour tourner à droite avec les deux rênes dans une main, regarde vers la droite, pivote tes épaules dans ce sens et porte la main qui tient les deux rênes dans la direction où tu veux tourner.
Les jambes entretiennent l'impulsion du cheval, qui tourne dans ce cas avec un effet contraire.

À SAVOIR

Quel que soit l'effet de rêne utilisé, il ne faut surtout pas tirer vers l'arrière.

LES FIGURES DE MANÈGE

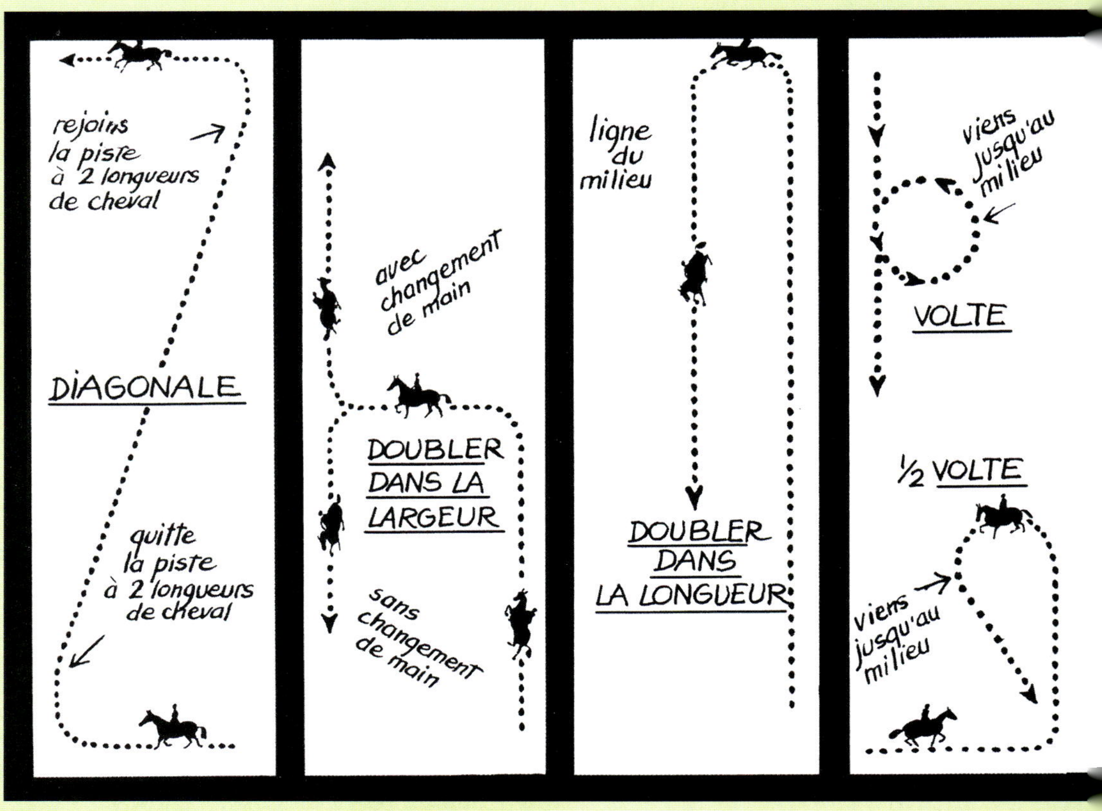

les phases du saut

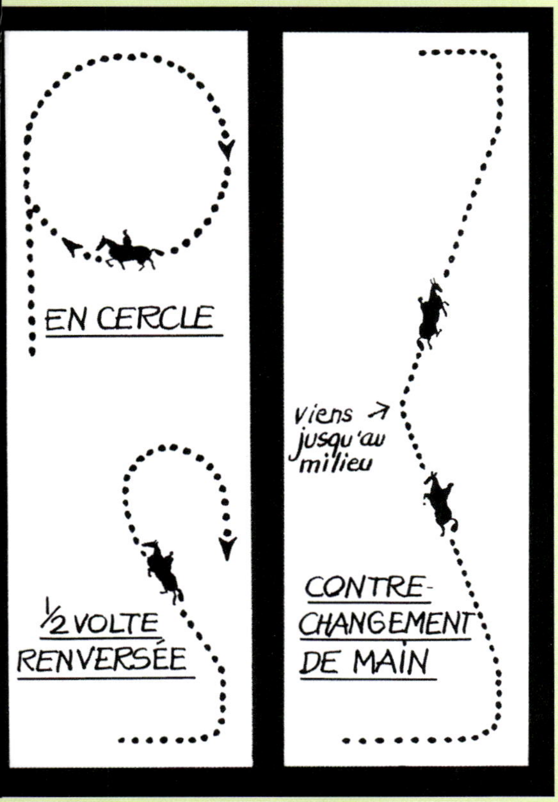

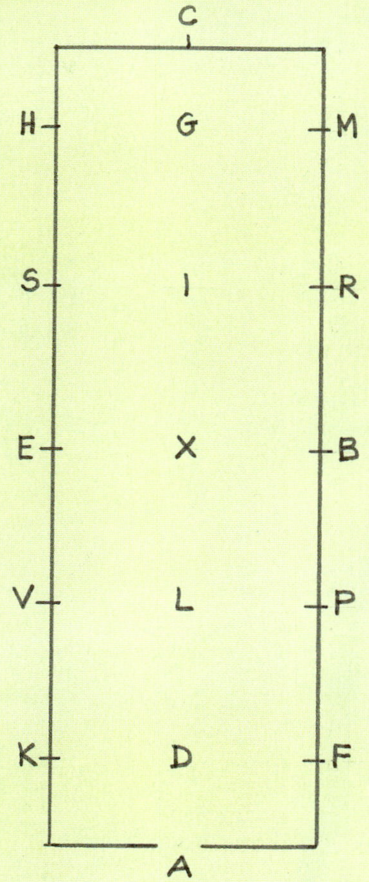

les lettres qui servent de repères

battue des postérieurs

battue des antérieurs

Tu peux aussi t'entraîner avec le CD-Rom inclus.

Questions / Réponses

1 Connais-tu le vocabulaire consacré à l'emploi des aides ?

A ❑ Les mains agissent pour faire tourner le cheval.

B ❑ Une main tire pour arrêter le cheval.

C ❑ Les mains peuvent résister pour obtenir certains effets.

D ❑ Les jambes agissent pour faire avancer le cheval.

E ❑ Les mains cèdent lorsqu'elles cessent d'agir.

2 Lorsque ton moniteur te demande de partir d'un endroit précis et d'y revenir individuellement au pas, que faut-il faire ?

A ❑ Commencer par corriger la position.

B ❑ Laisser les rênes longues.

C ❑ Ajuster les rênes.

D ❑ Agir avec les jambes et les mains, pour écarter le cheval du groupe.

E ❑ Tourner le buste dans la direction à prendre.

F ❑ Conserver le cheval au pas en revenant vers les autres.

3 Observe ces trois cavaliers avant de cocher les propositions qui te semblent justes :

A ❑ On appelle diagonal droit l'antérieur droit et le postérieur gauche.

B ❑ Trotter à droite signifie être assis lors du poser du diagonal droit.

C ❑ Le cavalier piste à main gauche doit trotter à droite.

D ❑ Le cavalier 1 est au pas.

E ❑ Le cavalier 2 trotte à droite.

F ❑ Le cavalier 3 trotte à gauche.

4 Comment procéder pour conduire un cheval au trot sur des courbes serrées ?

A ❑ Entretenir l'impulsion avant de tourner.

B ❑ Tourner le buste à droite pour tourner à gauche.

C ❑ Il est préférable de se mettre au trot assis pour tourner.

D ❑ Préparer les aides suffisamment tôt avant de tourner.

Réponses p. 162

5 Pour évoluer seul en équilibre au galop, que faut-il faire ?

A ❑ Pour tourner court, il est préférable de se mettre au galop assis.

B ❑ Les mains doivent accompagner le mouvement de l'encolure.

C ❑ Au galop assis, le buste doit rester droit, jambes en place.

D ❑ Les jambes restent actives pour conserver le galop.

E ❑ Le cheval peut partir au galop directement du pas.

6 Que faut-il faire pour partir au galop à droite ?

A ❑ Il faut remettre le cheval au pas pour partir au galop.

B ❑ Reculer légèrement la jambe gauche.

C ❑ Relâcher complètement les rênes.

D ❑ Se pencher à droite.

E ❑ Accompagner le galop avec le bassin.

7 Comment procéder pour franchir correctement des obstacles ?

- **A** ❑ Équilibrer le cheval en abordant l'obstacle.
- **B** ❑ Se diriger au milieu de l'obstacle.
- **C** ❑ Sauter l'obstacle de biais.
- **D** ❑ Entretenir l'impulsion pour éviter que le cheval refuse.
- **E** ❑ Détendre complètement les rênes dans la dernière foulée.
- **F** ❑ Ne pas laisser zigzaguer le cheval à l'abord de l'obstacle.

8 Tout en contrôlant l'allure du cheval, comment franchir correctement des difficultés en terrain varié ?

- **A** ❑ Ne jamais franchir un obstacle dont on ne voit pas la réception.
- **B** ❑ Dans les passages difficiles, laisser au cheval la liberté d'encolure.
- **C** ❑ Il faut galoper dans les descentes.
- **D** ❑ Laisser le cheval souffler après une montée.
- **E** ❑ Aborder les passages étroits à vitesse lente.

Réponses p. 162

9 Comment faut-il se comporter en franchissant des obstacles ?

A ❑ Il faut prendre de l'élan pour franchir les obstacles larges.

B ❑ Il faut canaliser le cheval à l'abord de l'obstacle.

C ❑ Entre les obstacles, il faut rééquilibrer le cheval.

D ❑ Si le cheval dérobe, il faut le laisser faire.

E ❑ Les coups de cravache sur la tête sont interdits.

10 Comment procéder pour franchir des difficultés naturelles ?

A ❑ Laisser souffler le cheval au milieu d'une longue montée.

B ❑ En terrain difficile, laisser le cheval regarder où il met ses pieds.

C ❑ Galoper sur un terrain glissant.

D ❑ Rentrer prudemment et lentement dans l'eau.

E ❑ Marcher devant le cheval s'il hésite à passer.

F ❑ Se pencher en arrière dans les montées.

INSPECTION DES PIEDS ET DES MEMBRES

11 Sais-tu comment inspecter les pieds d'un cheval ?

A ❑ Curer les pieds du cheval avant et après le travail.

B ❑ En curant les pieds, il faut également vérifier l'état de la ferrure.

C ❑ Une bleime correspond à une blessure de la sole.

D ❑ Il faut graisser les pieds une seule fois par an.

E ❑ On peut graisser les pieds une à deux fois par semaine.

F ❑ Une seime est une fente dans la corne du sabot.

12 Sais-tu comment inspecter les membres d'un cheval ?

A ❑ Un tendon engorgé est généralement froid.

B ❑ Un tendon chaud est généralement fatigué.

C ❑ Une douche prolongée fait du bien aux tendons.

D ❑ En hiver, il faut sécher les plis des paturons après avoir douché les membres.

E ❑ Les bandes de repos reposent les tendons.

Réponses p. 162

SOINS ÉLÉMENTAIRES AVANT ET APRÈS LE TRAVAIL

13 Quels soins sont nécessaires avant de faire travailler le cheval ?

A ❑ Avant de seller, il faut s'assurer que le dos du cheval n'est pas blessé.

B ❑ Une gonfle correspond à un membre enflé.

C ❑ Le pansage favorise la respiration de la peau.

D ❑ Dès la sortie du box, il faut sauter des obstacles.

E ❑ Il faut échauffer le cheval avant de le faire travailler.

F ❑ En hiver, il n'est pas nécessaire d'échauffer le cheval.

14 En plus des soins aux membres, d'autres opérations sont nécessaires au retour du travail. Les connais-tu ?

A ❑ Il faut bouchonner le cheval avec de la paille s'il est en sueur.

B ❑ En hiver, il faut doucher le cheval qui a transpiré.

C ❑ Le cheval ne doit pas boire beaucoup d'eau froide d'une seule traite s'il transpire.

D ❑ Il faut attacher le cheval en sueur dans le vent pour qu'il sèche.

E ❑ Le couteau de chaleur sert à couper les poils du cheval qui a chaud.

F ❑ Le couteau de chaleur sert à essorer le poil.

ENTRETENIR UNE LITIÈRE

15 Quelles sont les différentes utilités de la litière ?

A ❑ Absorber l'urine du cheval.

B ❑ Isoler du froid.

C ❑ Conserver l'humidité de la corne des sabots.

D ❑ Permettre au cheval de se coucher confortablement.

E ❑ Permettre au cheval de se rouler.

F ❑ Mettre le cheval à l'abri des affections de la peau.

16 Comment entretenir le box ?

A ❑ Le box doit être curé à fond deux fois par jour.

B ❑ Chaque jour, il faut enlever la paille souillée.

C ❑ La paille peut être remplacée par des copeaux.

D ❑ Pailler en bateau signifie : faire un tas de paille au milieu du box.

E ❑ Un box sale nuit à l'hygiène du cheval.

F ❑ Le sol du box doit être gratté et désinfecté régulièrement.

Réponses p. 162

AJUSTER LE HARNACHEMENT

17 Sais-tu ajuster correctement un filet ?

A ❑ Les têtes des chevaux ont toutes la même taille.

B ❑ Toutes les bouches des chevaux ont la même largeur.

C ❑ Un filet doit être ajusté à la tête du cheval.

D ❑ La sous-gorge doit rester lâche.

E ❑ Il faut éviter de boucler le montant au dernier trou.

18 Sais-tu ajuster correctement ton harnachement ?

A ❑ La sous-gorge doit être serrée à fond.

B ❑ Le frontal est placé sous le toupet.

C ❑ Le mors ne doit pas comprimer les commissures des lèvres.

D ❑ Les montants du filet doivent être réglés le plus court possible.

E ❑ Le mors doit dépasser légèrement de chaque côté de la bouche.

AJUSTER LE HARNACHEMENT

19 Connais-tu les muserolles et sais-tu comment les régler ?

A ❑ La muserolle française est placée deux doigts au-dessous de l'apophyse zygomatique.

B ❑ La muserolle allemande se boucle en avant du mors.

C ❑ La muserolle combinée est croisée de part et d'autre du mors.

D ❑ La muserolle allemande est serrée sur les naseaux.

E ❑ La muserolle limite l'ouverture de la bouche.

F ❑ Le port de la muserolle est obligatoire pour tous les chevaux.

G ❑ Il faut déboucler la muserolle pour débrider le cheval.

Réponses p. 162

POURQUOI CHANGER DE DIAGONAL AU TROT ENLEVÉ

20 Sais-tu pourquoi il faut trotter sur un diagonal ou sur l'autre ?

A ❑ Il est conseillé de trotter toujours sur le même diagonal.

B ❑ Le cavalier piste à main droite doit trotter à gauche.

C ❑ Le cavalier piste à main gauche doit trotter à gauche.

D ❑ En promenade, il faut changer régulièrement de diagonal.

E ❑ Trotter constamment sur le mêmediagonal fatigue le cheval.

F ❑ Diagonal droit signifie antérieur droit et postérieur gauche.

21 Observe bien ces trois cavaliers. Peux-tu dire sur quel diagonal ils trottent ? Coche les propositions qui te semblent justes.

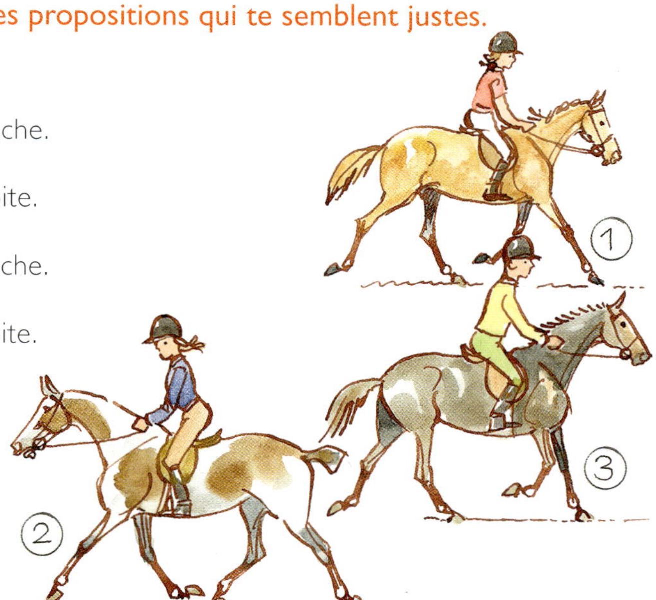

A ❑ Le cavalier 1 trotte à gauche.

B ❑ Le cavalier 1 trotte à droite.

C ❑ Le cavalier 2 trotte à gauche.

D ❑ Le cavalier 2 trotte à droite.

E ❑ Le cavalier 3 trotte à gauche.

F ❑ Le cavalier 3 trotte à droite.

DESCRIPTION

22 Reporte dans les bonnes cases les numéros correspondant aux différentes parties du fer figurant sur le dessin.

A ❑ Épaisseur
B ❑ Couverture
C ❑ Pinçon
D ❑ Mortaise à crampons
E ❑ Contre-perçure
F ❑ Éponge
G ❑ Quartier
H ❑ Mamelle
I ❑ Pince

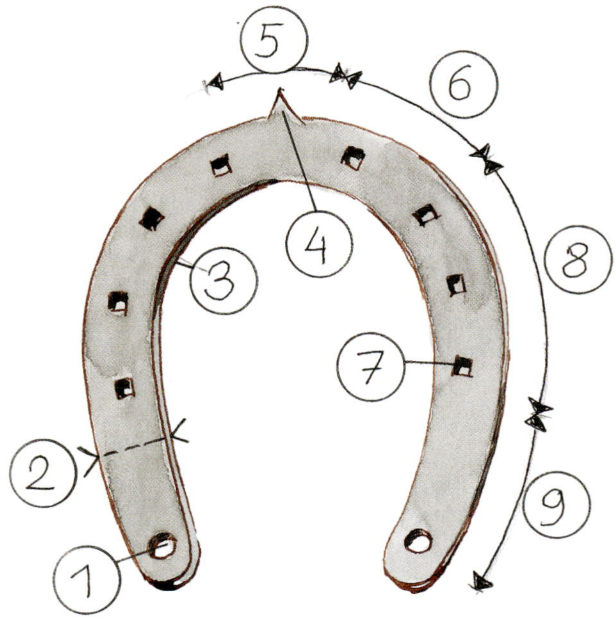

23 Coche les cases dont les définitions sont exactes.

A ❑ La garniture est la partie du fer qui dépasse du sabot.

B ❑ La face supérieure du fer est en contact avec le sol.

C ❑ Un fer antérieur n'a généralement qu'un pinçon.

Réponses p. 162

COMMENT APPRÉCIER L'ÉTAT DE LA FERRURE

24 Comment juger qu'un fer est solidement attaché au sabot ?

A ❑ « Sonner un fer » en frappant dessus avec le cure-pieds.

B ❑ Vérifier que les rivets sont solidement rabattus contre la paroi.

C ❑ Les antérieurs s'usent en priorité à l'avant.

D ❑ Il faut referrer le cheval tous les six mois.

E ❑ Le parage consiste à tailler la corne.

F ❑ Le pinçon du fer doit être serré contre la paroi.

25 Que connais-tu sur la ferrure et sur les fers ?

A ❑ Tous les chevaux et les poneys sont obligatoirement ferrés.

B ❑ Un pied « trop long » doit être paré.

C ❑ Le cheval souffre lorsqu'on enfonce les clous dans la corne.

D ❑ Tous les chevaux usent leurs fers de la même façon.

E ❑ Les postérieurs ont généralement deux pinçons.

F ❑ Il existe des fers de plusieurs tailles.

DESCRIPTION DE LA TÊTE

26 Reporte dans les bonnes cases de la liste ci-dessous les numéros correspondant aux différentes parties de la tête du cheval.

A ☐ Salière
B ☐ Nuque
C ☐ Rocher
D ☐ Parotide
E ☐ Gouttière jugulaire
F ☐ Front
G ☐ Bout du nez
H ☐ Naseau
I ☐ Apophyse zygomatique
J ☐ Chanfrein
K ☐ Menton
L ☐ Auge
M ☐ Barbe
N ☐ Ganaches
O ☐ Gorge

Réponses p. 162

DESCRIPTION DES MEMBRES

27 Reporte dans les bonnes cases de la liste ci-dessous les numéros correspondant aux différentes parties des membres antérieurs du cheval.

- **A** ☐ Coude
- **B** ☐ Pied
- **C** ☐ Couronne
- **D** ☐ Paturon
- **E** ☐ Avant-bras
- **F** ☐ Genou
- **G** ☐ Canon
- **H** ☐ Tendons
- **I** ☐ Boulet

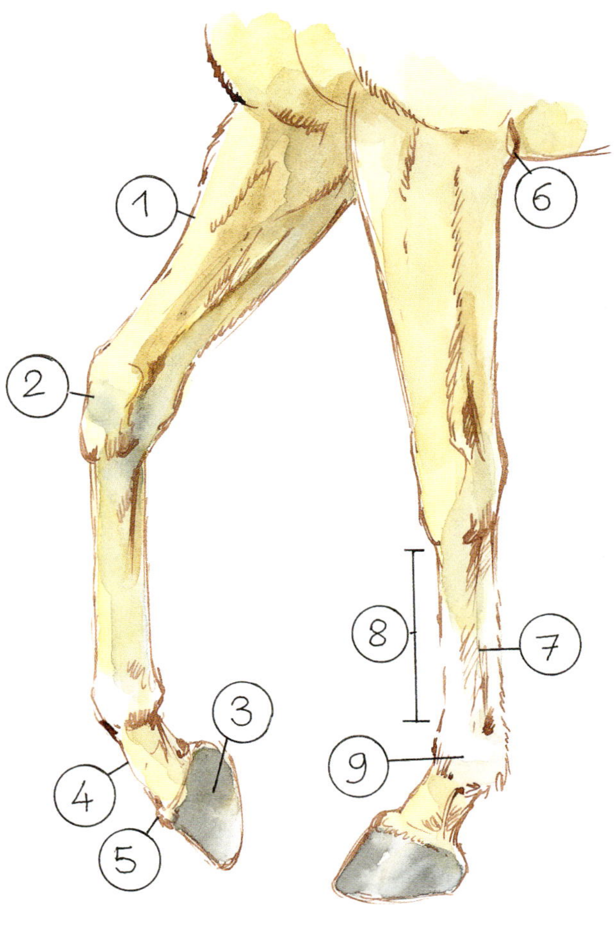

DESCRIPTION DES MEMBRES

28 Reporte dans les bonnes cases de la liste ci-dessous les numéros correspondant aux différentes parties des membres postérieurs du cheval.

A ☐ Cuisse	**D** ☐ Paturon	**G** ☐ Grasset ou rotule
B ☐ Pied	**E** ☐ Boulet	**H** ☐ Jarret
C ☐ Canon	**F** ☐ Tendons	**I** ☐ Pli du jarret

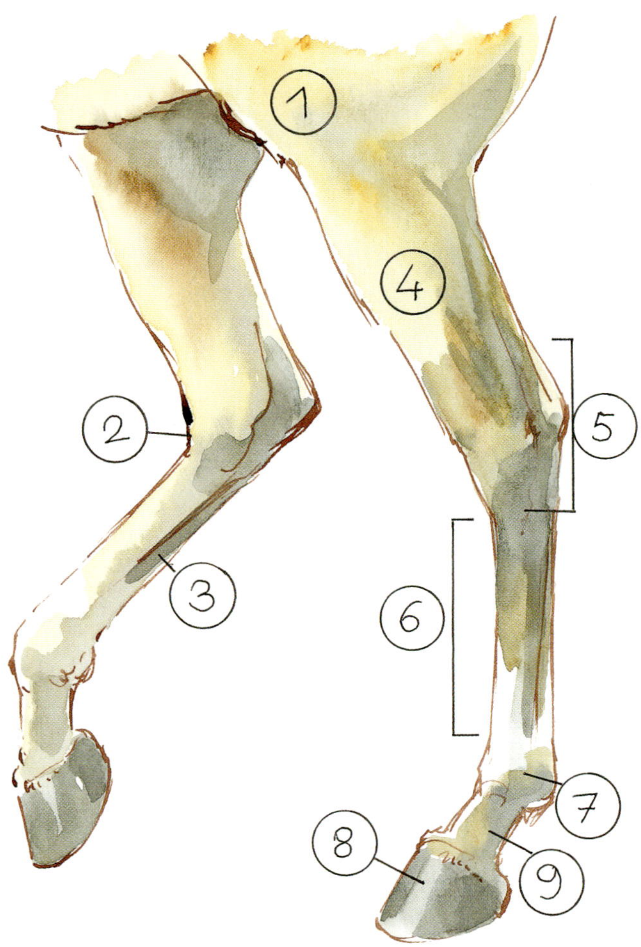

Réponses p. 162

LE PIED

29 Reporte dans les bonnes cases de la liste ci-dessous les numéros correspondant aux différentes parties du pied vu de côté.

- **A** ☐ Bourrelet périoplique
- **B** ☐ Talon
- **C** ☐ Paroi
- **D** ☐ Mamelle
- **E** ☐ Pince
- **F** ☐ Quartier

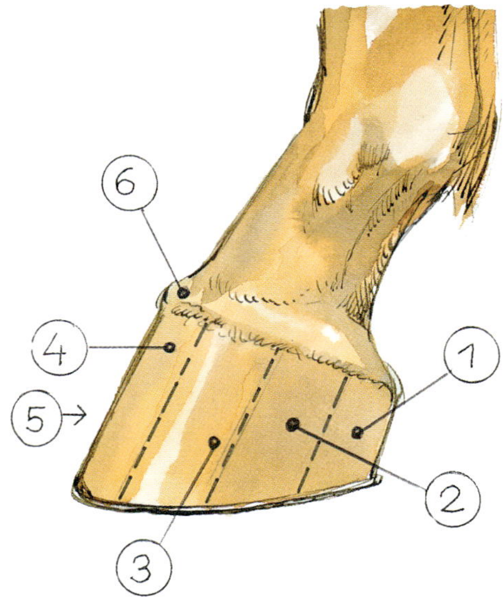

30 Reporte dans les bonnes cases de la liste ci-dessous les numéros correspondant aux différentes parties de la partie inférieure du pied.

- **A** ☐ Fourchette
- **B** ☐ Lacune médiane
- **C** ☐ Lacunes latérales
- **D** ☐ Glômes
- **E** ☐ Sole
- **F** ☐ Ligne blanche

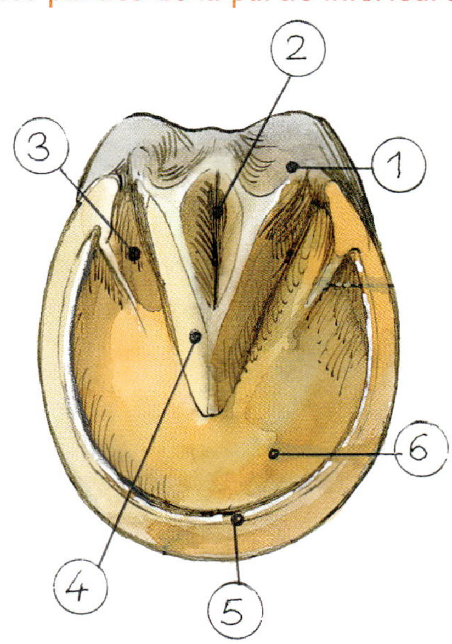

MÉCANISME DES ALLURES : LE PAS

31 Pour t'assurer que tu connais bien l'allure du pas, coche les cases qui te semblent bonnes.

A ❑ C'est une allure sautée.

B ❑ C'est une allure marchée.

C ❑ Le pas comprend quatre temps.

D ❑ Le pas est plus rapide que le trot.

E ❑ Au pas, le cheval balance son encolure.

F ❑ Un bipède comprend deux membres.

32 Pour vérifier si tu connais bien le mécanisme du pas, coche les cases qui te semblent bonnes.

A ❑ Un cheval avance au pas à environ 6 ou 7 km par heure.

B ❑ Au pas, on entend quatre battues distinctes.

C ❑ Le postérieur droit se lève après l'antérieur gauche

D ❑ Postérieur et antérieur droits se lèvent en même temps.

Réponses p. 162

MÉCANISME DES ALLURES : LE TROT

33 Pour t'assurer que tu connais bien l'allure du trot, coche les cases des propositions qui te semblent bonnes.

A ❑ C'est une allure marchée.

B ❑ C'est une allure sautée.

C ❑ Le trot est une allure à deux temps.

D ❑ Le trot est une allure symétrique.

E ❑ C'est une allure basculée.

F ❑ Comme le pas, le trot est une allure à quatre temps.

34 Pour vérifier que tu sais tout sur le trot, coche les cases des propositions qui te semblent bonnes.

A ❑ Au trot, le cheval avance à environ 14 km par heure.

B ❑ Au trot, l'encolure du cheval reste à peu près fixe.

C ❑ Le trot est moins confortable que le pas.

D ❑ Le cheval peut parcourir de longues distances au trot.

E ❑ Le trot enlevé est plus confortable que le trot assis.

MÉCANISME DES ALLURES : LE GALOP

35 Pour t'assurer que tu connais bien l'allure du galop, coche les cases des propositions qui te semblent bonnes.

A ❑ Le galop est une allure basculée.

B ❑ Le galop est une allure marchée.

C ❑ Le galop est une allure dissymétrique.

D ❑ Le troisième temps du galop est suivi d'une période de projection.

36 Pour vérifier que tu sais tout sur le galop, coche les cases des propositions qui te semblent bonnes.

A ❑ Le galop est à peu près trois fois plus rapide que le pas.

B ❑ Un cheval de course peut galoper à 60 km par heure.

C ❑ Au galop, l'encolure du cheval se balance.

D ❑ Au galop à droite, l'antérieur droit précède l'antérieur gauche.

E ❑ En tournant à droite, le cheval galope à droite, et inversement.

Réponses p. 162

TOURNER : EFFET DIRECT OU CONTRAIRE

37 Comment procéder pour tourner avec un effet direct ?

A ❑ La main droite fait tourner le cheval à droite.

B ❑ Le bout du nez du cheval est tourné dans la direction à prendre.

C ❑ Le cavalier doit tourner son buste dans la direction à prendre.

D ❑ Il faut avancer les jambes.

E ❑ Les jambes doivent entretenir l'impulsion.

38 Pour tourner avec un effet contraire, comment faut-il procéder ?

A ❑ Pour tourner à droite, on se sert de la main gauche.

B ❑ Les jambes entretiennent l'impulsion.

C ❑ Pour tourner à droite, le buste est penché en avant.

D ❑ La main active vient s'appuyer contre la base de l'encolure.

E ❑ Les deux mains se croisent par-dessus l'encolure.

F ❑ On peut tourner en effet contraire, avec les deux rênes dans une seule main.

39 Pour vérifier si tu connais bien les figures simples de manège, note dans les cases correspondantes les numéros qui figurent sur le dessin.

A ☐ Diagonale
B ☐ Doubler dans la longueur
C ☐ Doubler dans la largeur
D ☐ Volte
E ☐ Demi-volte
F ☐ Demi-volte renversée

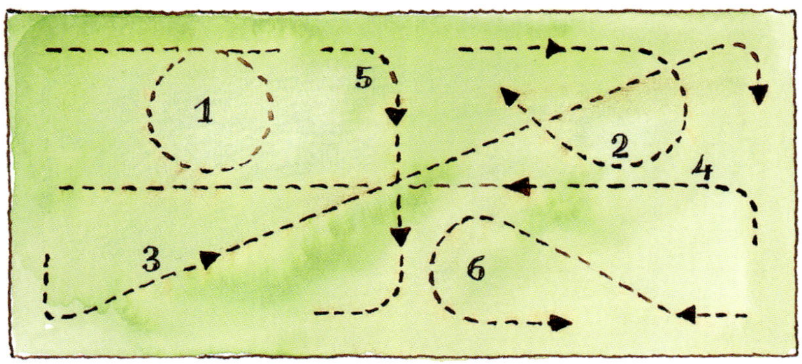

40 Pour exécuter des reprises de dressage, tu dois connaître les lettres de manège. Complète sur le dessin celles qui manquent.

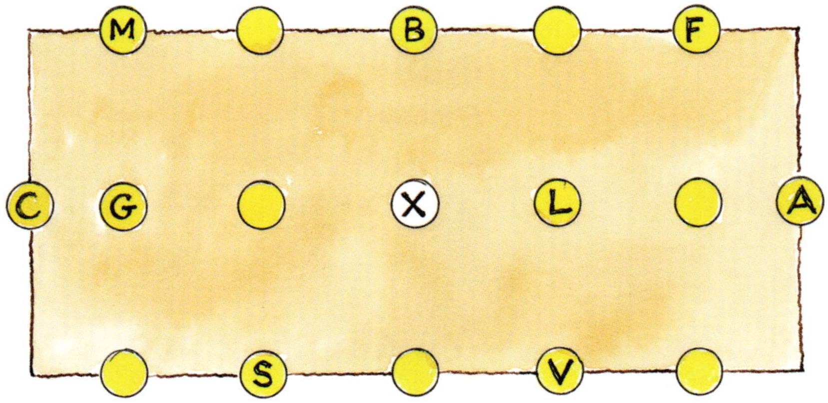

Réponses p. 162

RÉPONSES AUX QUESTIONS

Numéro des questions		Bonnes réponses
Équitation	1	A, C, D, E
	2	A, C, D, E, F
	3	A, B, C, E
	4	A, C, D
	5	A, B, C, D,E
	6	B, E
	7	A, B, D, F
	8	A, B, D, E
	9	A, B, C, E
	10	A, B, D, E
Soins	11	A, B, C, E, F
	12	B, C, D, E
	13	A, C, E
	14	A, C, F
	15	A, B, D, E
	16	B, C, E, F
	17	C, D, E
	18	B, C, E
	19	A, B, C, E, G
Connaissances	20	B, D, E, F
	21	B, D, E
	22	A3, B2, C4, D1, E7, F9, G8, H6, I5
	23	A, C
	24	A, B, C, E, F
	25	B, E, F
	26	A6, B7, C8, D9, E10, F5, G1, H2, I4, J3, K15, L13, M14, N12, U11
	27	A6, B3, C5, D4, E1, F2, G8, H7, I9
	28	A4, B8, C6, D9, E7, F3, G1, H5, I2
	29	A6, B1, C5, D3, E4, F2
	30	A4, B2, C3, D1, E6, F5
	31	B, C, E, F
	32	A, B, C
	33	B, C, D
	34	A, B, C, D, E
	35	A, C, D
	36	A, B, C, D, E
	37	A, B, C, E
	38	A, B, D, F
	39	A3, B4, C5, D1, E2, F6
	40	M, R, B, P, F ; C, G, I, X, L, D, A ; H, S, E, V, K

Le cavalier possédant une bonne connaissance : de l'entretien, des besoins, de la locomotion et du comportement de sa monture, doit ÊTRE AUTONOME aux trois allures, en terrain varié et dans l'enchaînement des sauts.

ÉQUITATION

SOINS Les soins ci-après s'ajoutent à ceux des galops 1, 2 et 3

CONNAISSANCES Les thèmes ci-après s'ajoutent à ceux des galops 1, 2 et 3

Quand tu auras lu attentivement tout ce qui concerne le programme du galop 4, rendez-vous page 198 ou sur le CD-Rom pour tester tes connaissances !

Le cavalier possédant une bonne connaissance de l'entretien, des besoins, de la locomotion et du comportement de sa monture doit ÊTRE AUTONOME aux trois allures, en terrain varié et dans l'enchaînement des sauts.

Les figures de manège

Sur la piste, les cavaliers qui tournent vers la droite marchent « piste à main droite » et inversement.
À la fin du doubler, il faut garder la même main, sauf indication contraire.
Les figures peuvent être exécutées :
➜ Individuellement : chacun pour soi.
➜ Successivement : les cavaliers de la reprise se suivent.

RAPPELS

Sers-toi des lettres du manège comme repère pour suivre le tracé géométrique des figures. Pense à entretenir l'impulsion pendant que le cheval exécute les figures, particulièrement les cercles où le cheval a tendance à ralentir.

Les lettres placées tout autour du manège servent de repères pour exécuter des figures géométriques codifiées. Relis les pages 138 et 139 pour te les remettre en mémoire. Les principales figures sont :

Nom de la figure	Description	Avec changement de main	Sans changement de main
Cercle	Grand cercle de diamètre variable : de 10 à 20 m ; le cavalier rejoint la piste à l'endroit précis où il l'a quittée		X
Volte	Cercle de 10 m de diamètre (moitié du manège) ou moins		X
Demi-volte	Demi-cercle suivi d'une oblique qui rejoint la piste	X	
Demi-volte renversée	Inverse de la demi-volte : oblique suivie d'un demi-cercle qui rejoint la piste	X	
Doubler dans la largeur	Ligne droite perpendiculaire au grand côté du manège	Au choix : avec ou sans changement de main	
Doubler dans la longueur	Ligne droite qui suit l'axe du manège ; peut être également exécuté sur la ligne du quart		
Changement de main par la diagonale	Oblique qui débute après le coin et rejoint la piste opposée avant l'autre coin	X	
Contre-changement de main	Ligne brisée qui débute et se termine comme une diagonale, mais sans changement de main		X
Huit de chiffre	Le centre du huit se situe au centre du manège (point X)		X

Contrôler la vitesse

Pour que le cheval conserve une vitesse régulière au pas sans ralentir, il est parfois nécessaire d'entretenir l'impulsion en agissant avec les jambes. S'il cherche à trotter, les mains interviennent progressivement pour maintenir sa vitesse.
Au pas, les mains accompagnent en rythme le mouvement de l'encolure pour que le cheval conserve une vitesse régulière.
Le pas peut être plus ou moins allongé.

À SAVOIR

En agissant avec les jambes sans avoir au préalable ouvert les doigts et laissé l'encolure s'étendre, le cheval ne peut allonger le pas et se met à trottiner, ce qui est très désagréable.
Un bon allongement est signe de souplesse chez le cheval.

Déplacer les hanches

Les déplacements des hanches permettent de gymnastiquer les chevaux dans le but de les assouplir.

Déplacement des hanches (vers la gauche par exemple)

➜ Recule la jambe droite en arrière de la sangle et agis avec cette jambe de façon discontinue, perpendiculairement à l'axe du cheval, et en accord avec le lever du postérieur droit.
➜ Entretiens l'impulsion du cheval avec la jambe gauche qui reste à la sangle.

En déplaçant les hanches vers la gauche :
➜ La jambe droite reculée se nomme « jambe isolée ».

À SAVOIR

Les deux mains conservent une tension égale. Ce n'est pas uniquement ton mollet, mais ta jambe complète qui doit reculer pour agir. Il est préférable de réussir quelques pas de déplacement bien faits à la sortie d'un tournant que toute une longueur en désordre.

Inverser et enchaîner des courbes serrées

Pour tourner correctement, le cheval assoupli doit être incurvé sur le cercle. Sur les courbes serrées, il est nécessaire de l'incurver avec des aides d'incurvation.

Les aides d'incurvation (à droite par exemple)

Pour incurver le cheval à droite, il faut utiliser les aides habituelles du tourner : buste orienté vers la droite, main droite portée à droite et main gauche qui avance légèrement pour permettre à l'encolure de s'incurver.

➜ La jambe droite (intérieure) reste à la sangle et entretient l'impulsion. Elle agit comme un pivot autour duquel le cheval s'incurve.

➜ La jambe gauche (extérieure) recule légèrement et se place « en surveillance », pour empêcher les postérieurs de déraper.

➜ En temps normal, le poids du corps est mis sur la fesse intérieure.

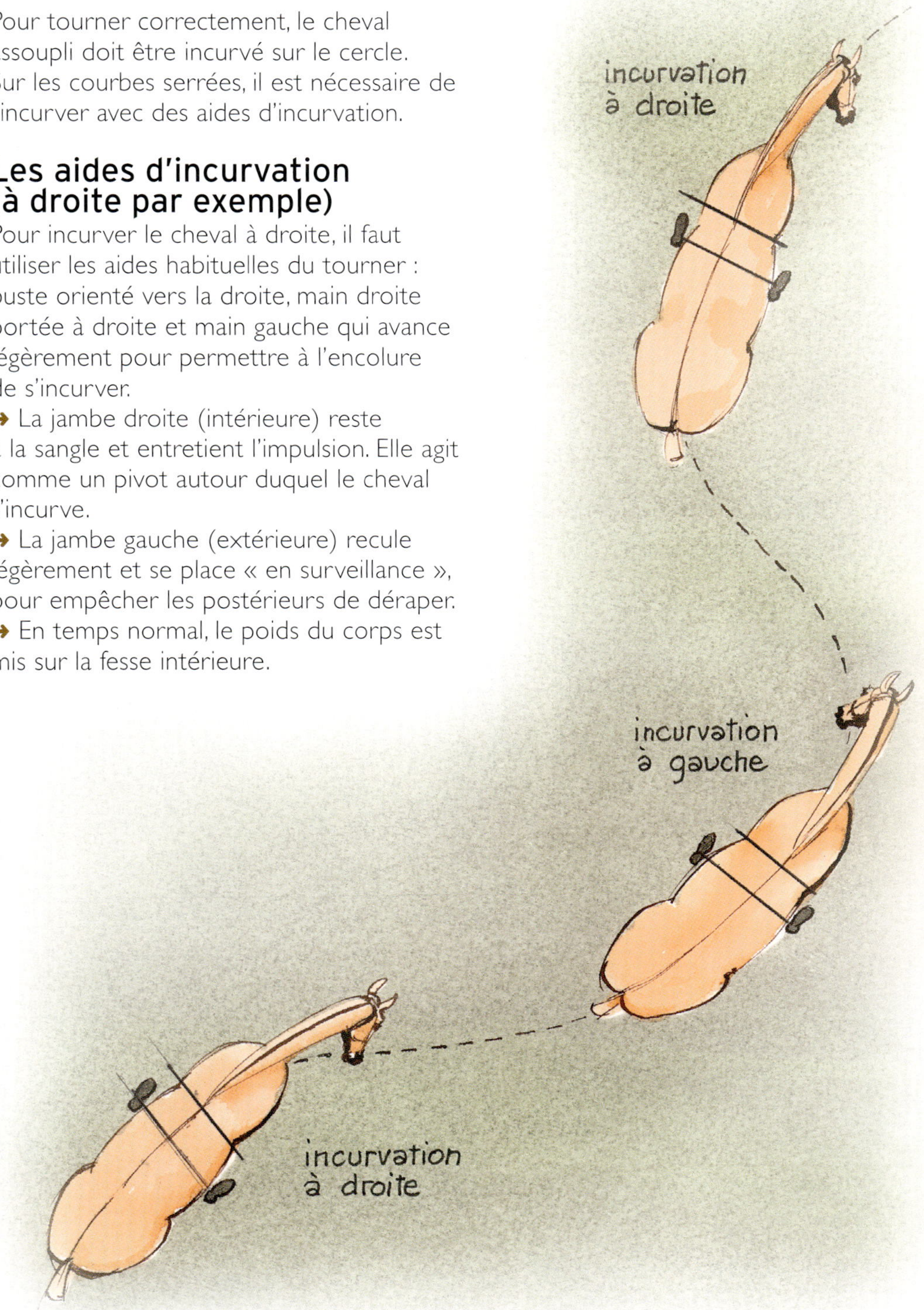

À SAVOIR

Il ne faut pas négliger le rôle de la main extérieure. C'est une rêne régulatrice qui limite l'inflexion de l'encolure et aide à maintenir les épaules sur la trajectoire que doit suivre le cheval. Jambes et mains se complètent pour incurver le cheval.

Rechercher son équilibre assis

Le trot rapide est relativement nconfortable. Plus le trot assis est rapide, plus le cavalier doit rejeter ses épaules en arrière pour que ses reins puissent amortir les secousses du trot.

À éviter :

→ Se pencher en avant ou arrondir ton dos, ce qui est très inconfortable.

→ Être assis en arrière de la selle.
Au contraire, il faut rester assis le plus en avant possible sur la selle.

→ Au trot assis, s'appuyer sur les étriers pour ne pas décoller de la selle.
Les jambes doivent tomber naturellement sans remonter les genoux, et en conservant leur place à la sangle, talons bas.

→ Bouger les mains en tirant sur la bouche du cheval car, dans ce cas, le cheval creuse son dos et son encolure et devient très inconfortable et difficile à contrôler.

Contrôler la vitesse

Au sein d'une reprise, et même en extérieur, tous les cavaliers doivent accorder leur vitesse sur celle du cavalier de tête.
Au trot, la vitesse du cheval dépend de son allant, mais aussi de sa conformation : au trot rapide, un sujet le petite taille peut prendre le galop alors qu'un grand cheval est encore au trot.
En travail individuel, lorsque le cheval est calé dans son trot, le cavalier doit agir avec les jambes dès qu'il commence à ralentir.
Au trot enlevé, l'action des jambes se fait au moment où le cavalier reprend le fond de sa selle. Pour ralentir, il faut agir avec les deux mains, sans laisser le cheval prendre appui sur le mors pour accélérer.
Un bon trot est régulier et cadencé, sans accélération ni ralentissement.

À SAVOIR

En progressant en dressage, le cheval s'assouplit et devient plus confortable au trot. Certains sujets cependant sont plus confortables que d'autres.

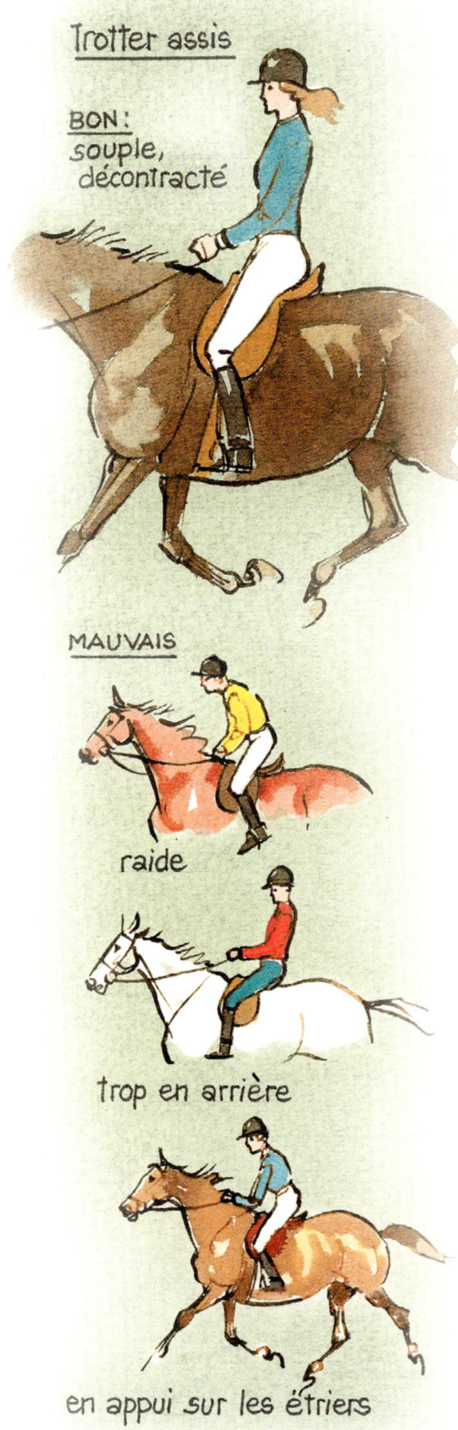

sur un cercle, trotte sur le diagonal extérieur pour soulager le pied intérieur qui est naturellement surchargé

pour allonger le trot, agis avec tes deux jambes quand tu te rassieds dans la selle

Rechercher son équilibre au trot enlevé lors des variations de vitesse et des changements de direction

Le cavalier doit garder les jambes fixes au trot enlevé, le buste légèrement incliné en avant, le dos plat, les deux rênes ajustées.

Variation de vitesse

Au trot enlevé, le cavalier doit conserver son équilibre sans être rejeté sur le troussequin de la selle si le cheval accélère. Au contraire, le cavalier qui manque d'équilibre a tendance à se pencher excessivement en avant si le cheval ralentit brusquement.
Pour allonger le trot, il faut agir avec les deux jambes en même temps, au moment où tu redescends dans la selle. L'action des jambes doit être progressive afin que le cheval ne parte pas au galop.
Il est préférable d'allonger progressivement le trot sur une longueur ou une diagonale, à la sortie d'un tournant.

Changement de direction

En principe, le cavalier trotte enlevé sur le diagonal extérieur, comme c'est le cas en manège. Lors d'un changement de main, il faut changer de diagonal au moment où le cheval change de direction.
Pour changer de diagonal, il suffit de rester assis (ou en équilibre) pendant deux temps successifs.
Le fait de changer de diagonal à tendance à troubler l'équilibre du cheval pendant une ou deux foulées.

À SAVOIR

En principe, dans un manège, les figures sont exécutées au trot assis. Le cavalier qui trotte enlevé sur la piste se met au trot assis pour exécuter la volte, et reprend le trot enlevé en retrouvant la piste.

Inverser et enchaîner des courbes larges

En manège, à l'extérieur ou lors de parcours, les changements de direction sont fréquents. Voici comment y préparer le cheval afin que le cavalier ne perturbe pas son équilibre naturel.

Au trot assis

En principe, les figures sont exécutées au trot assis. Dans le huit de chiffre par exemple, il faut inverser ses aides entre les deux cercles, au moment où le cheval doit inverser son incurvation. L'inversion d'aides doit se faire progressivement.

Au trot enlevé

Sur la piste ou en exécutant des courbes, il faut trotter sur le diagonal extérieur : diagonal gauche (côté mur), si l'on trotte piste à main droite, et inversement.
En inversant des courbes au trot enlevé, il faut changer de diagonal au moment du changement de direction, et incurver le cheval dans l autre sens. Il est alors préparé à tourner en sens inverse.

À SAVOIR

La plupart des chevaux s'infléchissent mieux d'un côté que de l'autre. Le tracé est plus précis dans ce sens.

Rappel :
Le cavalier a le choix entre galoper en équilibre sur les étriers ou galoper assis.

Stabiliser son équilibre sur les étriers

Avec le jeu de son bassin, le cavalier doit suivre le mouvement de bascule du cheval. Le buste du cavalier est légèrement incliné en avant, le dos plat. Il ne doit pas regarder par terre, car cela arrondit le dos.

Galoper assis en rythme

Au galop assis, le cavalier ne doit pas quitter le fond de la selle. Les mouvements de bascule du cheval doivent être amortis par la souplesse et la décontraction de son bassin. Pour ne pas décoller de la selle, il faut garder le buste d'aplomb et les reins souples. Le bassin peut alors accompagner les mouvements du dos du cheval.
Pour conserver le rythme du galop, le cavalier doit :

➜ entretenir l'impulsion avec ses jambes chaque fois que c'est nécessaire,
➜ accompagner avec les bras le mouvement de l'encolure du cheval,
➜ accompagner avec le bassin le mouvement de bascule du cheval.

À SAVOIR

Pour avoir de l'aisance au galop assis, ne t'appuie pas sur les étriers. Il faut monter souvent, et le fait de galoper sans étriers permet d'améliorer son assiette.

Partir au galop du pas sur le bon pied

Rappel :

Dans le galop à droite, l'antérieur et le postérieur droits (bipède latéral droit) prennent de l'avance sur les deux autres membres et inversement.

Départ au galop à partir du pas

➜ Avantage : au pas, le cheval garde son calme et se contrôle facilement. La mise en place des aides est facilitée par le confort de cette allure.
➜ Difficulté : une bonne impulsion est indispensable.

Principe

Donner au cheval l'orientation qui correspond au galop, avant de lui demander le départ.

Disposer ses aides (galop à droite)

➜ Par un effet contraire de la rêne droite, reporte le poids sur l'épaule gauche en soulageant de ce fait l'épaule droite.
➜ Pèse davantage sur la fesse gauche, en basculant légèrement le bassin, sans te pencher en avant.
➜ La jambe gauche est légèrement reculée (jambe de position). Elle pousse doucement les hanches vers l'intérieur du manège. Son action, aidée de la jambe droite qui agit à la sangle (jambe d'impulsion), déclenche le galop à droite.
➜ Dès que le cheval est au galop, remets tes aides à leur place normale.
Selon le niveau de dressage du cheval, il existe d'autres manières de partir au galop sur le pied choisi.

Précision

Ces différentes actions s'enchaînent très rapidement, la préparation qui précède l'action est essentielle. Évite toute action désordonnée qui perturberait le cheval.

À SAVOIR

Avec ton assiette, tu peux sentir si le cheval galope à faux (galop à droite en tournant à gauche, et inversement) ; repasse à l'allure inférieure avant de demander un nouveau départ au galop. De nombreux chevaux galopent plus volontiers sur un pied que sur l'autre.
Au galop, il faut éviter que le cheval se traverse excessivement.

Contrôler la vitesse

Au galop, il faut éviter que le cheval reporte son poids sur ses épaules, accélère, et échappe au contrôle du cavalier. Avant que le cheval ne « prenne la main », mets-le sur un cercle pour en reprendre le contrôle. À l'extérieur, si le cheval a tendance à accélérer, ne le laisse pas s'appuyer sur le mors, cède et reprends d'une main sur l'autre. Les chevaux en groupe sont enclins à se dépasser pour faire la course. Les laisser alignés l'un derrière l'autre aide à conserver la même vitesse.

Conduire sur des courbes larges

Pour tourner sur des courbes larges, sers-toi d'un effet direct. Garde l'effet contraire pour les courbes serrées, ou lorsque tu tiens les rênes avec une seule main.

Préparation

Le cheval doit galoper sur le bon pied pour conserver son équilibre dans les tournants : sur le pied droit pour tourner à droite et inversement. S'il n'est pas sur le bon pied, repasse au trot pendant une ou deux foulées, et fais-le partir sur le bon pied pour qu'il tourne dans de bonnes conditions. Note qu'un cheval habile se met de lui-même sur le bon pied, à l'entrée du tournant.

À SAVOIR

Pour équilibrer le travail du cheval, il faut penser à le faire tourner aux deux mains. Lorsque le cheval galope sur le pied droit, tu peux sentir ton bassin accompagner en oblique le mouvement du galop d'arrière gauche vers l'avant droit, et inversement.

Arrondir la courbe

Le tracé de la courbe doit être arrondi, sans présenter de cassure. Tu dois orienter ton buste dans le sens de la courbe.
Lorsque tu tournes avec un effet direct, la main extérieure régulatrice limite l'inflexion de l'encolure et aide à conserver les épaules du cheval sur la trajectoire de la courbe.

Entretenir l'impulsion

En tournant, le cheval a tendance à ralentir. Tes jambes et les mouvements de ton bassin doivent entretenir son impulsion.

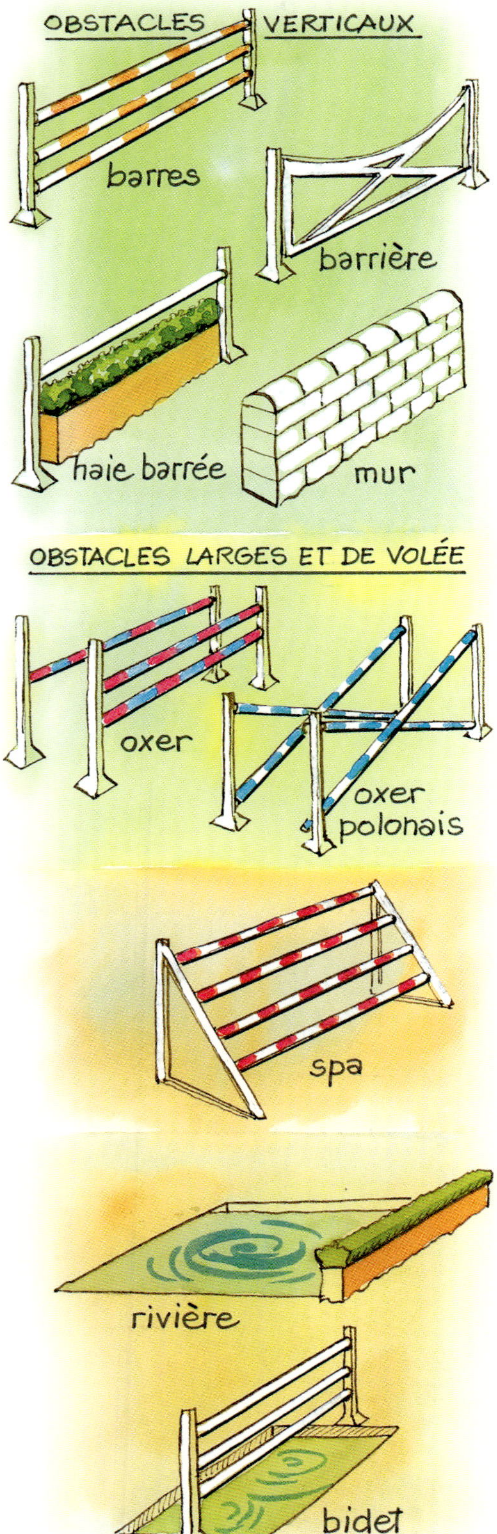

Rechercher son équilibre sur les étriers en enchaînant des sauts isolés

Les obstacles mobiles ou fixes peuvent présenter trois profils différents :

→ Les obstacles **verticaux** appelés également « droits » dont les éléments sont disposés dans un même plan vertical. C'est le cas des obstacles constitués de barres, d'une barrière, d'un mur, de palanques, d'une haie, etc.

→ Les obstacles **larges** faits de plusieurs plans droits ou croisés franchis en un seul saut : oxer ou tronc large par exemple.

À noter :

→ Les obstacles **de volée** sont faits de plans écartés sautés en un seul saut : barre de Spa par exemple.

→ La rivière, qui peut être étroite, est un cas particulier, car elle ne présente aucune hauteur. Le cheval ne doit pas y pénétrer ni en toucher les bords.

→ Les obstacles symétriques peuvent être franchis dans les deux sens.

Équilibre du cavalier

À la réception de l'obstacle, tu dois te redresser en te rapprochant de la selle, sans cependant te rasseoir. Tu peux alors agir avec les mains pour garder le cheval en ligne droite pendant quelques mètres, avant d'amorcer la courbe suivante. Il faut en effet éviter qu'il tourne juste à la réception. Sur la courbe qui rejoint l'obstacle suivant, oriente ton regard et ton buste dans le sens du tracé. Fais attention à ne pas gêner le cheval par des actions involontaires de mains ou en te rasseyant brutalement sur son dos.

À SAVOIR

Avant de sauter, il faut échauffer les muscles du cheval, mais aussi ceux du cavalier. Échauffe le cheval aux deux mains. Tu peux faire quelques exercices d'assouplissement en selle. En concours, le cheval fait quelques sauts d'entraînement au paddock.

Contrôler l'allure et la vitesse en enchaînant des sauts isolés

Dans les concours pour cavaliers confirmés, la vitesse est imposée en fonction du niveau de l'épreuve. Dans le but de « viser le sans faute », il est inutile d'aller vite. Le cheval doit être calme, équilibré et dans l'impulsion pour sauter correctement.

La reconnaissance du parcours

Avant de sauter, il faut suivre à pied le parcours, pour observer les obstacles mais également pour repérer le tracé qui permet de les aborder dans de bonnes conditions : sur le bon pied, perpendiculairement et au milieu.

Les changements de direction

Le cheval au galop doit changer de pied au moment où il change de direction pour conserver son équilibre. Un cheval souple change tout seul de pied. Dans le cas contraire, remets-le au trot pendant quelques foulées à l'endroit où la direction est inversée pour qu'il effectue le changement de pied.

Vitesse pendant le parcours

Entre les obstacles, le cheval doit conserver sensiblement la même vitesse. Les jambes entretiennent l'impulsion et les mains la canalisent. En aucun cas, le cheval ne doit se « mettre sur les épaules » en accélérant contre le gré du cavalier.

À SAVOIR

Tu apprendras beaucoup en observant les chevaux qui sautent dans un parcours de saut d'obstacles. La plupart du temps, un cheval qui refuse, dérobe ou fait tomber une barre n'a pas abordé correctement l'obstacle ou a été gêné pendant le saut.

Conduire en enchaînant des sauts isolés

Pour enchaîner un parcours dans de bonnes conditions, il faut contrôler la direction sur les courbes qui rejoignent les obstacles.
L'obstacle devant être abordé perpendiculairement et au milieu, les courbes doivent être précédées et suivies d'une petite portion de ligne droite.
Dans la phase d'abord, le cheval doit être droit, canalisé par les aides (mains et jambes) pour éviter qu'il hésite en zigzaguant.
Après quelques mètres en ligne droite qui suivent la réception, le cheval est incurvé et tourne avec un effet direct, le cavalier regardant dans la direction où il se dirige.
La courbe doit être bien arrondie, sans présenter de cassure. Le tracé a été choisi pendant la reconnaissance, en fonction des obstacles et de la qualité du sol.
Après chaque saut, tu dois t'efforcer de remettre le cheval en ordre, pour aborder l'obstacle suivant en respectant le tracé : équilibre, vitesse, impulsion, direction.

À SAVOIR

Dans un barrage de CSO où le cavalier est jugé sur la vitesse, les obstacles sont parfois abordés de biais pour gagner du temps. Ceci présente un risque de dérobade ou de faute.

Rechercher son équilibre sur les étriers en terrain varié

En terrain varié, le cheval est amené à sauter des obstacles naturels (tronc, haie), mais également à franchir des dénivelés et des difficultés naturelles. Pour sauter, le cavalier se met en équilibre, mais reste très près de la selle par mesure de sécurité, car les obstacles sont fixes.

Équilibre en montées

Dans les montées, le cheval a besoin de pousser fortement avec ses postérieurs. Il faut donc libérer ses reins. Reste au pas, mets-toi en équilibre au-dessus des étriers, le buste vertical. Si la pente est forte, saisis éventuellement une poignée de crins pour maintenir ton équilibre.

Les descentes

Dans une descente, le buste reste vertical, les pieds en appui sur les étriers. Tu peux prendre appui avec tes mains au niveau du garrot.

Le talus abrupt

➜ Dans le sens de la montée, le cheval a besoin d'une certaine vitesse. Mets-toi en équilibre, comme pour le début d'un saut. Ne gêne pas le cheval, car il a besoin de poser ses antérieurs suffisamment en avant pour que les postérieurs trouvent une place au sommet du talus.

➜ Dans le sens de la descente, aborde l'obstacle lentement en appui sur les étriers. Reste assis, le buste vertical. Il faut libérer l'encolure, en tenant les rênes très longues.

Le fossé

Peu large, il peut être sauté même à partir de l'arrêt : position en équilibre mais en restant très près de la selle, car la réception n'est pas toujours bonne.
Pour éviter d'être surpris par le saut et rester raccroché aux rênes, tu peux tenir la crinière.

À SAVOIR

En terrain varié, il faut tenir compte de la nature du sol pour franchir les obstacles. Dans un terrain boueux ou glissant, il est préférable de mettre des crampons au cheval.

Les épreuves de TREC

Une des épreuves de TREC (Techniques de Randonnée Équestre de Compétition) est le PTV (Parcours en Terrain Varié).
Les difficultés naturelles que le cavalier doit franchir demandent au cheval soumission, hardiesse, équilibre et sûreté de pied.
Le cavalier doit faire preuve d'à-propos, d'équilibre et d'expérience en terrain varié.
C'est la qualité du franchissement qui est jugée, la vitesse comptant moins.
Certaines fortes montées ou descentes sont faites à pied. Le cheval doit alors toujours garder sa place derrière le cavalier.

À SAVOIR

Dans une épreuve de PTV, ce cavalier perd des points car il n'a pas remonté ses étriers.

Contrôler l'allure et la vitesse en terrain varié

À l'extérieur, le cheval a souvent tendance à accélérer contre le gré du cavalier, particulièrement au galop et dans le sens du retour à l'écurie. Voici les principales précautions à prendre :

➜ Dans les descentes, il est préférable de rester au pas.

➜ Dans les fortes montées, reste au pas et laisse souffler ton cheval en haut ou à mi-pente.

➜ Ne galope pas sur des terrains glissants, inégaux, gelés ou boueux.

➜ Au trot, pense à changer de diagonal de temps en temps (tous les 500 m environ).

➜ Au retour vers l'écurie, reste au pas pour rentrer ton cheval sec et calme.

➜ Ne galope jamais sans visibilité, car le cheval au galop ne peut pas s'arrêter instantanément.

À SAVOIR

Dans un parcours de cross, la vitesse est imposée. Le cavalier dispose alors d'un chronomètre et se cale sur des repères kilométriques. Dans un parcours de PTV la vitesse moyenne est imposée et correspond à un trot soutenu.

Conduire en terrain varié

En terrain varié, le cavalier tourne rarement serré.
Pour conserver son équilibre, le cheval a besoin d'une grande liberté d'encolure.
Les rênes, maintenues longues, peuvent être tenues dans une seule main.
Lorsque le terrain présente des difficultés, il est souvent préférable de laisser le choix du passage au cheval habitué à l'extérieur.
Aux allures rapides, ralentis avant de tourner pour que le cheval ne soit pas surpris.
Il est indispensable de tourner sur le bon pied, quitte à te remettre au trot pendant quelques foulées pour changer de pied avant le tournant. Les tournants, généralement larges, se font en effet direct.
Tu peux tenir les rênes en faisant « un pont » pour pouvoir prendre appui contre l'encolure en cas de besoin.

À SAVOIR

À la croisée des chemins, ne coupe pas le tournant, car tu manques de visibilité.
En conservant les rênes longues au pas, tu laisses au cheval le loisir d'observer tout ce qui l'entoure.

POSER DES PROTECTIONS DE TRAVAIL
(GUÊTRES, PROTÈGE-BOULETS, CLOCHES, BANDES DE POLO)

Les protections de travail servent à protéger les extrémités des membres des chocs et des atteintes.
Voici comment les poser :

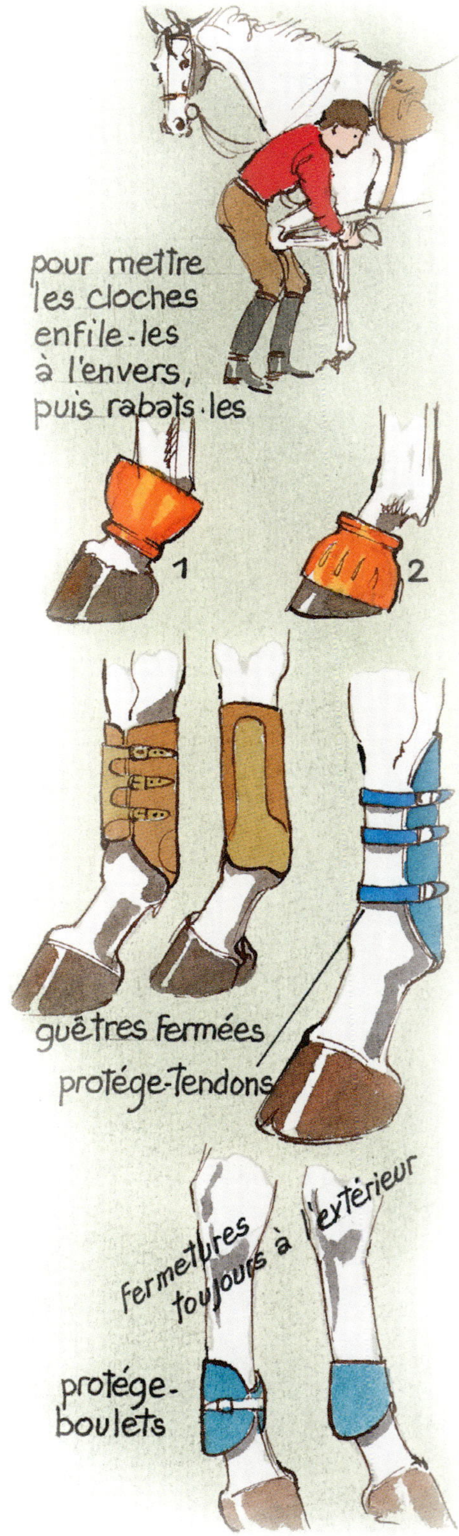

Les cloches

Elles sont posées en premier, généralement aux membres antérieurs. Elles protègent la couronne et les glômes. Il faut retourner la cloche pour la mettre en place. Les modèles ouvrables se posent plus facilement.

Les guêtres

Elles protègent l'avant et l'intérieur des membres, ainsi que les tendons.
Les bandes velcro ou les boucles sont disposées sur la face latérale externe du membre, les languettes dirigées vers l'arrière.
→ Commencer par boucler la languette du milieu.
→ Fermer ensuite les autres languettes sans les serrer.

Les protège-boulets

Réservés aux postérieurs, ils protègent les boulets des atteintes.
Tout comme pour les guêtres, la languette ou la fixation en velcro doit prendre place sur le côté externe, les languettes dirigées vers l'arrière, sans serrer le membre.

Les bandes de polo

Ces bandes épaisses protègent le tour des membres antérieurs ou postérieurs mais ne doivent pas gêner le mouvement des articulations.
Le premier tour de bande est fait au tiers supérieur du canon.
En donnant une tension constante à la bande, redescends ensuite régulièrement jusqu'au boulet.

À SAVOIR

Les protections sont surtout nécessaires à l'obstacle.
On en pose également au jeune cheval qui peut se blesser par maladresse.
Les protections doivent être propres avant d'être posées sur un membre également propre.

Remonte jusqu'en haut du membre, et redescends quelques tours avant de fermer le velcro sur la face externe.
Chaque tour de bande recouvre environ les trois quarts du tour précédent.

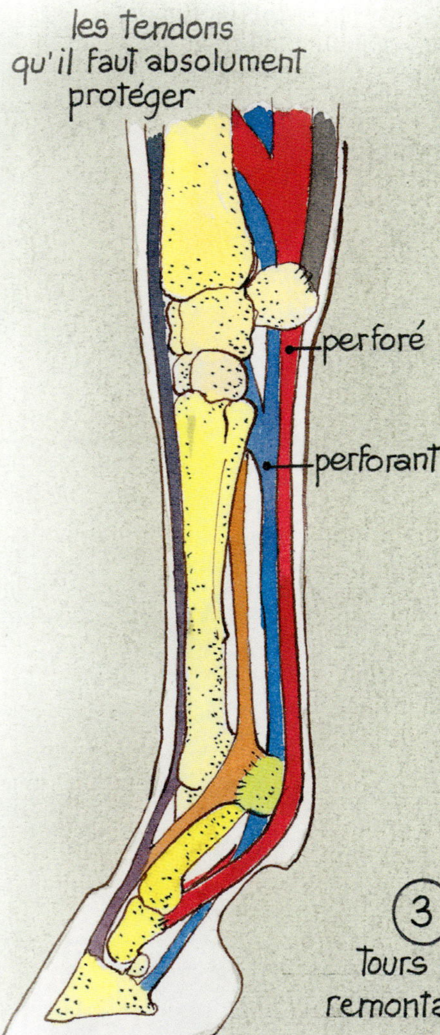

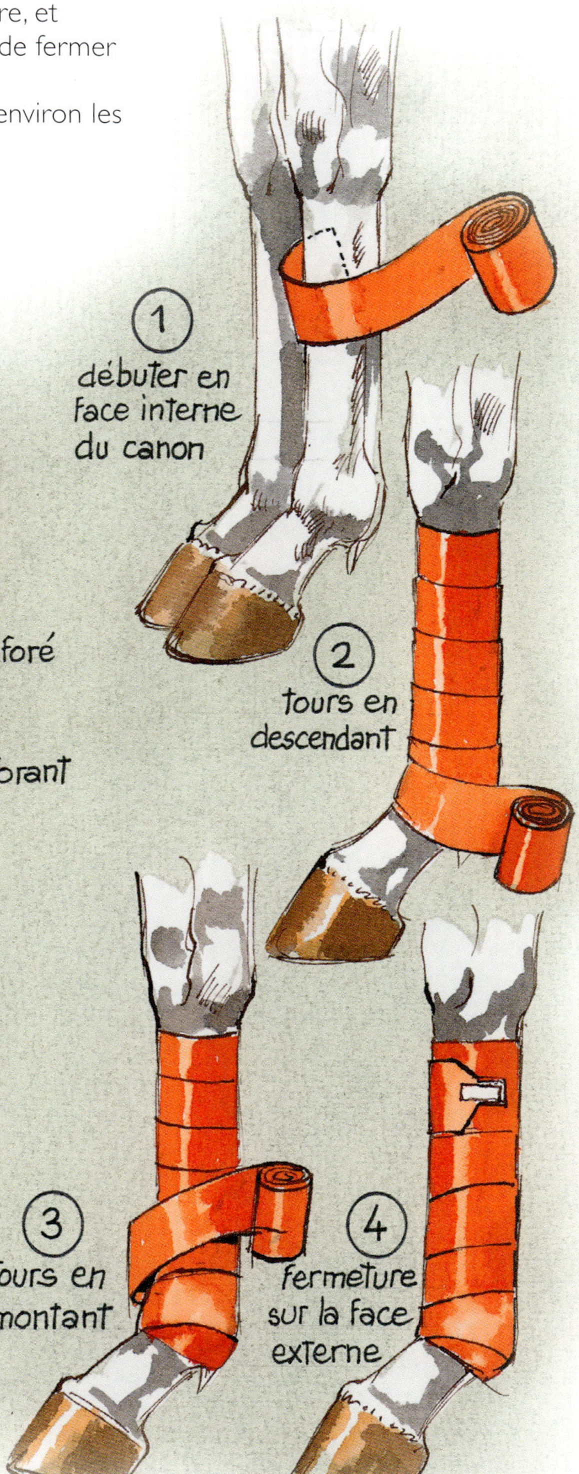

POSER DES PROTECTIONS DE TRANSPORT

À SAVOIR

Il ne faut pas attendre le jour du transport pour habituer le cheval à monter calmement dans un van.
Des chevaux qui ont tendance à se mordre doivent être séparés par des grilles.

Pendant le transport, le cheval n'est pas à l'abri des chocs. L'embarquement et le débarquement comportent également des risques. Il faut donc préserver les parties vulnérables du corps avec des protections de transport.

➜ En hiver, une couverture ou une chemise met le cheval à l'abri du froid et des courants d'air.

➜ Un protège-nuque peut être fixé sur la têtière du licol.

➜ Le protège-queue, ou une bande serrée sur la partie rigide de la queue, assure une protection efficace. Il est maintenu par un surfaix ou une sangle placée autour de l'encolure.

➜ D'épaisses guêtres de transport ou des bandes de repos protègent les canons.
Les protections hautes assurent une meilleure efficacité.

➜ Des genouillères ou des guêtres montantes mettent les genoux à l'abri des chocs ou d'éventuelles chutes.

➜ Des cloches protègent les couronnes et les glômes.

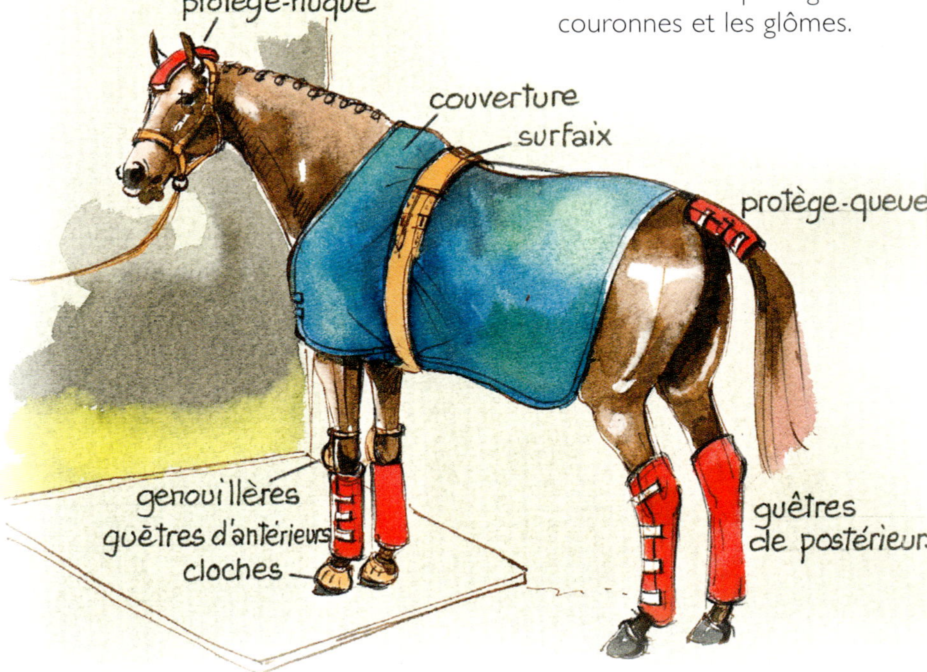

Les paragraphes suivants s'ajoutent à ceux des galops précédents. À l'état naturel, le cheval pâture (broute de l'herbe) environ la moitié de la journée et de la nuit. S'il travaille régulièrement, son alimentation se compose généralement des éléments suivants :

Les aliments concentrés

Ils peuvent se présenter sous deux formes :

➜ Les grains (céréales) distribués soit entiers, soit aplatis, concassés ou encore trempés.
Les plus utilisés sont :
• L'avoine : grains noirs ou blancs aux extrémités pointues.
• L'orge : grains plus arrondis, jaunes et plus durs que l'avoine.
• Le maïs : gros grains jaunes et durs qui doivent être concassés.

➜ Les aliments industriels se présentent sous forme de granulés, bouchons ou flocons. Ils contiennent des céréales et différentes plantes. On parle parfois d'aliments complets ou complémentaires du fourrage. On peut également offrir au cheval une cure de vitamines.

Les fourrages

➜ Le foin est de l'herbe coupée, séchée et pressée en ballots. Il y a le foin de prairie naturelle et le foin de prairie artificielle (luzerne, trèfle, ray-grass).

➜ La paille constitue la litière, mais le cheval en mange une partie. Elle est peu nourrissante.

D'autres aliments

Ils complètent la ration ou récompensent le cheval : friandises, pain, fruits, betteraves, carottes, mélasse, résidus de sucrerie, tourteaux, résidus d'huilerie...

À SAVOIR

L'eau doit être claire et sans odeur, sinon le cheval peut refuser de la boire.
S'il a très soif, après un entraînement intensif par exemple, il ne faut pas le laisser boire trop d'eau froide d'une seule traite.

NOTIONS SUR L'ALIMENTATION

L'eau

L'eau est donnée à volonté. Le cheval en consomme par petites quantités lorsqu'elle est en permanence à sa disposition. Il en boit de 20 à 40 litres par jour, voire plus.

Vitamines et minéraux

En période de croissance, de travail intensif, ou si une jument allaite, des compléments de vitamines et de minéraux peuvent être ajoutés à la ration.

Comment déterminer la ration journalière

Les besoins énergétiques journaliers du cheval sont déterminés à partir de son poids et du travail qu'il fournit. La ration doit être réduite lorsque le cheval est au repos (ration d'entretien) et augmentée en fonction de son travail (ration de travail).

Ration d'un cheval de taille moyenne

Aliments	Cheval au repos	Travail moyen
Aliments concentrés	4 kg	5 à 6 kg
Foin	4 kg	5 à 6 kg

Comment distribuer les aliments

Il est nécessaire de fractionner (diviser) la ration journalière en trois repas au minimum, voire plus, car le volume de l'estomac est relativement faible. Ordre de distribution : eau, foin, aliments concentrés, eau. Le repas le plus important est donné le soir car le cheval a toute la nuit pour le consommer et le digérer. S'il y a un abreuvoir automatique, le cheval peut boire à volonté.

Équivalences :

- 1 kg d'avoine équivaut à 2 litres.
- 1 kg d'orge équivaut à 1,6 litres.
- 1 kg d'aliment industriel équivaut à 1,5 litres.

À SAVOIR

Précaution : nourrir les chevaux à heures fixes et tous en même temps pour éviter qu'ils ne s'excitent.
Laisser au minimum une heure de repos après le repas.
Écarter les aliments douteux car le cheval ne peut pas vomir et ses problèmes digestifs peuvent être graves (coliques).

En plus de ses repas journaliers, il faut prodiguer au cheval des soins quotidiens qui préservent sa santé et sa bonne forme physique.

Le pansage

Un pansage quotidien est nécessaire le matin et au retour du travail, une fois le cheval sec. Consulte le chapitre pansage au galop 2. Les soins avant et après le travail figurent au galop 3. Profite du pansage pour inspecter le cheval et déceler d'éventuelles blessures. En curant ses pieds, vérifie la bonne tenue de ses fers et regarde s'il n'a pas d'atteintes.

Doucher

Le jet d'eau prolongé masse les tendons des membres. Sèche ensuite les plis des paturons pour éviter la formation de gerçures en hiver. Lorsque le temps le permet, le cheval peut être douché complètement. Son poil est ensuite essoré avec un couteau de chaleur, puis le cheval est mis dans un endroit abrité du vent.

Protéger le cheval

En hiver, en dehors du travail, le cheval tondu doit être protégé par une couverture d'écurie pour remplacer l'absence de poils.

À SAVOIR

Le cheval a besoin d'un exercice quotidien, même pendant son jour de repos ou après un effort important : promenade, longe ou mise en liberté dans un parc.

VÉRIFICATIONS QUOTIDIENNES

- **Le cheval doit avoir constamment de l'eau à sa disposition.**
- **S'il ne termine pas sa ration, préviens le moniteur.**
- **Un cheval en bonne santé a le poil sec, les oreilles froides, il est calme et respire normalement.**
- **Ses tendons sont secs (pas enflés), ses sabots sont froids**
- **et le cheval repose normalement sur ses pieds.**
- **Ses crottins sont «bien moulés»(pas trop mous) et ses urines sont jaune clair.**
- **Il marche souplement sans présenter de boiterie.**

COMPORTEMENT DE SA MONTURE À L'ÉCURIE, AU TRAVAIL ET À L'EXTÉRIEUR

La vie en liberté

À l'état naturel, le cheval vit en troupeau, où règne une hiérarchie animée par l'instinct « grégaire » (instinct de groupe). L'étalon dominant protège le troupeau. On comprend donc que le cheval puisse manifester des signes d'inquiétude lorsqu'il reste seul.

Craintif de nature

Le cheval est un herbivore. Jadis, il fut la proie des grands prédateurs (carnassiers) et a survécu grâce à la rapidité de sa fuite. Aujourd'hui, domestiqué, il reste craintif et cherche à détaler lorsque, surpris, il se croit agressé. Il est rarement méchant, mais peut décocher des ruades pour se défendre. Il faut donc éviter de le surprendre.

À SAVOIR

Certains chevaux ont un caractère dominant et cherchent à s'imposer aux autres, ce qui ne les empêche pas de se montrer affectueux avec les gens. Observe les chevaux en groupe, en pâture, tu pourras juger leur caractère.

Manœuvre d'intimidation

Un cheval apparemment docile peut se montrer agressif envers d'autres chevaux. Généralement, il prévient en couchant les oreilles, fait mine de mordre et hennit d'une façon particulière. La véritable querelle ne commence que si l'adversaire lui tient tête.

Copains de pâture

Dans une écurie, certains chevaux s'entendent mieux que d'autres. En pâture, les chevaux se placent parfois tête bêche pour se mordiller l'encolure ou chasser mutuellement les insectes.

Comportement à l'écurie

C'est souvent lors de la distribution de nourriture que les chevaux se querellent et cherchent à bousculer la personne qui les nourrit. Méfie-toi, même lorsque tu distribues des friandises. Referme toujours les portes des boxes pour éviter que le cheval ne s'échappe : certains arrivent même à ouvrir le verrou avec leurs lèvres !

En box, le cheval a tendance à s'ennuyer et occupe son ennui à grignoter la paille de sa litière.

Comportement au travail

Le cheval est un animal sensible qui dispose d'une grande mémoire, mais ne peut rester attentif longtemps. Dès le début du travail, il juge son cavalier et peut chercher à profiter de son manque d'assurance.

Au travail, il faut lui donner :
→ La notion de bien, en le récompensant chaque fois qu'il donne satisfaction.
→ La notion de mal en le grondant dans le cas contraire.
Le cheval peut chercher à désobéir en quittant la piste, en refusant un obstacle, en ralentissant contre le gré du cavalier ou, au contraire, en « prenant la main » à toute allure. Il faut éviter qu'en désobéissant, il « trouve une défense » dont il se servira ensuite pour mettre en échec l'autorité de son cavalier.

Comportement à l'extérieur

À l'extérieur, le cheval est souvent plus vif que dans le club. Il réagit par rapport à ce qui l'entoure. Il peut faire des écarts par crainte d'un élément qui l'inquiète, ou rechigner à passer à un endroit ou devant un objet qu'il ne connaît pas. Aux allures vives, il peut être tenté de faire la course avec les autres, en « prenant la main » de son cavalier, surtout sur le chemin qui le ramène à l'écurie. Ne le laisse pas manger de l'herbe en route, car il chercherait ensuite à s'arrêter constamment.

À SAVOIR

L'odorat du cheval est très développé : c'est en reniflant un autre cheval qu'il tente de le reconnaître. Le cheval renifle également un objet inquiétant (un obstacle par exemple) pour s'assurer qu'il ne lui est pas hostile.

COMPORTEMENT DE SA MONTURE À L'ÉCURIE, AU TRAVAIL ET À L'EXTÉRIEUR

Observe ses attitudes :

IL PARLE AVEC SES OREILLES

- **Oreilles mobiles : il est attentif et confiant.**
- **Oreilles droites et dirigées vers l'avant : il cherche à identifier un objet qui l'intrigue en étendant son encolure vers lui.**
- **Une oreille fixe et l'autre mobile : le poney ne comprend pas quelque chose.**
- **Oreilles légèrement tournées vers l'arrière : il est agacé.**
- **C'est sa façon de faire la grimace.**
- **Oreilles complètement couchées : il est franchement en colère.**
- **Il couche ses oreilles en s'apprêtant à se battre pour éviter que son adversaire puisse le mordre.**

À SAVOIR

On se sert de la gourmandise du cheval pour le dresser. Il a beaucoup de mémoire mais de nombreuses répétitions sont nécessaires pour confirmer son dressage. Les erreurs de dressage sont toujours longues à rattraper. Il faut toujours utiliser les mêmes ordres pour obtenir les mêmes résultats.

Tentatives de morsures

Lorsque tu le chatouilles, ou pour éloigner un autre cheval qui s'approche de son auge par exemple, une attitude d'intimidation consiste à coucher les oreilles, allonger l'encolure et découvrir ses dents. Les chevaux entiers (non castrés) essaient souvent de mordre.

Mouvements de la queue

Le cheval peut fouailler de la queue pour se débarrasser des mouches ou par agacement.
La queue plaquée entre les fesses est signe de crainte ou d'un coup de pied imminent.

Mouvements des membres

Le cheval peut gratter le sol ou piaffer avec un antérieur en signe d'impatience.
Il frappe le sol pour se débarrasser des insectes et peut faire mine de botter pour intimider le cavalier ou un autre cheval.

Attitude générale

En signe de défense, le cheval peut se cabrer ou faire des sauts de mouton pour manifester sa gaieté ou encore pour essayer de se débarrasser de son cavalier.

Comprendre le cheval

Ce qu'il aime	Ce qu'il n'aime pas
Les récompenses : friandises, caresses, être flatté	Les gestes brusques et les cris
Que tu lui parles d'une voix calme	Les tiraillements dans la bouche
Retourner au box ou en pâture après le travail	Les chocs sur son dos dus à un manque de souplesse de son cavalier
Le frottement de l'étrille et de la brosse	Se faire toucher les oreilles
Rester à côté d'un cheval avec lequel il s'entend bien	Rester seul lorsque les autres s'en vont
	Ne pas manger lorsque les autres ont leur ration
	Être agacé par les insectes
	Être dérangé lorsqu'il mange

RÈGLES DE SÉCURITÉ EN AIRE DE TRAVAIL ET À L'EXTÉRIEUR

À pied dans le club

Il ne faut pas surprendre le cheval en l'abordant.

→ En sortant ou en entrant dans un box, ouvre la porte en grand et précède le cheval pour ne pas te faire coincer.

→ Ne te laisse pas marcher sur les pieds.

→ Ne chahute pas à proximité du cheval, car il a besoin de calme.

→ Laisse-le tranquille pendant qu'il mange.

→ Signale au moniteur tout ce qui te semble anormal.

À cheval

→ Avant de monter un cheval sellé, vérifie ton équipement et le sanglage.

→ Les chevaux ne doivent pas être arrêtés de façon trop rapprochée.
Pour éviter les coups de pieds, ils sont rangés l'un à côté de l'autre sur la piste ou la ligne du milieu.

→ Tant que tous les cavaliers de la reprise ne sont pas à cheval, reste arrêté ou au pas.

→ Ne lâche pas ton cheval, car il peut aller importuner les autres.

→ En reprise, conserve environ la longueur d'un cheval avec celui qui te précède, cela évitera les coups et les querelles.

→ Avant de dépasser un autre cavalier, demande-lui l'autorisation et prends une piste intérieure.

→ Lorsqu'à allure égale, tu croises un autre cavalier, celui de vous deux qui marche à main droite a la priorité, mais le cavalier qui est à l'allure la plus rapide est prioritaire. L'autre prend alors une piste intérieure.

À SAVOIR

Dans ton club, les chevaux ont leurs habitudes qu'il faut apprendre à connaître et à respecter.
Suis les conseils de ton moniteur car il connaît bien sa cavalerie.
Certains chevaux ne s'entendent pas ; il faut éviter de les mettre en contact.

À l'extérieur

→ Ne lâche pas ton cheval et ne mets pas pied à terre sans autorisation.

→ Garde ta place, conserve l'allure indiquée et ta distance de sécurité avec les autres. Aux allures rapides, laisse un espace d'une longueur de deux chevaux entre deux cavaliers.

→ Préviens l'accompagnateur en cas de problème et transmets aux autres cavaliers les consignes qui te sont données.

→ Ne laisse pas le cheval brouter ou boire n'importe où, pour ne pas risquer une intoxication.

→ Ne galope pas sans visibilité, ni sur un sol dur (route) ou profond (boue).

→ Le code de la route assimile le cheval monté à un véhicule. Comporte-toi comme si tu étais à bicyclette : marche à droite de la chaussée (pas sur le trottoir), respecte les priorités, les feux et signalisations, etc.

→ La traversée d'une route se fait tous ensemble, après que les cavaliers se soient alignés sur le bas-côté.

→ Il faut respecter les propriétés privées, les cultures, les sous-bois, et ne pas laisser le cheval ronger l'écorce des arbres.

→ Montre-toi courtois envers les piétons. Préviens-les pour que le cheval ne les effraie pas et croise-les au pas.

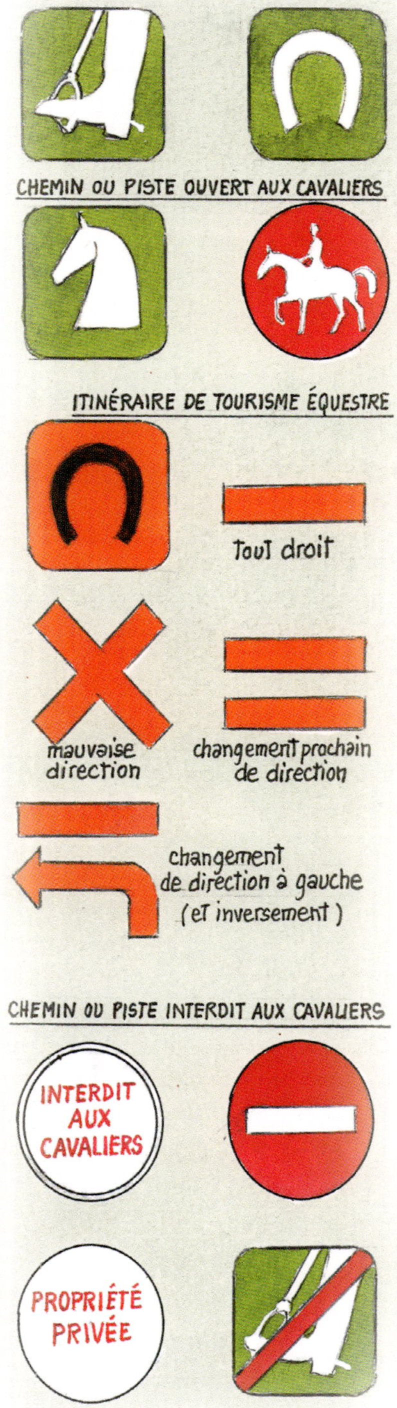

À SAVOIR

Un cheval apparemment calme peut se montrer agressif envers les autres à l'extérieur de son box.
C'est souvent pendant la distribution de nourriture que les chevaux sont agressifs.

ACCORD DES AIDES

Afin que le cheval exécute correctement le mouvement désiré, le cavalier utilise plusieurs aides qui doivent se conjuguer : c'est l'accord des aides.
Surtout, ne lui donne pas d'ordres contradictoires ou incompréhensibles : demander par exemple d'avancer en agissant avec les jambes, alors que les mains l'empêchent de se porter en avant.
En effet, pour pouvoir être guidé correctement avec les mains, le cheval doit d'abord se porter en avant grâce à l'action des jambes : mains et jambes s'accordent.

À SAVOIR

Lorsque le cavalier agit avec les jambes, le cheval se porte en avant et allonge l'encolure.
Il tend ses rênes et établit le contact avec les mains qui peuvent alors le guider sans contrainte.

MÉCANISMES DU GALOP À GAUCHE ET DU GALOP À DROITE

Rappel :

Le galop est une allure :

→ Dissymétrique : le mouvement d'un membre n'est pas répété de la même manière par le même membre situé de l'autre côté.

→ Sautée : car à un moment ses membres n'ont plus aucun contact avec le sol.

→ Basculée.

→ À trois temps inégaux, suivis d'une phase de projection où aucun membre n'est en contact avec le sol.

En observant les antérieurs d'un cheval qui galope, tu peux remarquer qu'un bipède latéral prend de l'avance sur l'autre.

Au galop, le cheval qui tourne à droite (piste à main droite dans un manège) galope normalement « sur le pied droit » et inversement. On dit alors qu'il « galope juste ». S'il galope à droite tout en tournant à gauche, on dit qu'il « galope à faux ».

Consulte le mécanisme du galop, pages 134 et 135 du galop 3.

À SAVOIR

En galopant, le cheval a tendance à se « traverser » : hanches légèrement rentrées vers l'intérieur de la courbe. Avec l'expérience, tu apprendras à avoir un cheval droit et à obtenir des départs au galop sur le pied choisi dès la première foulée.

Tu peux aussi t'entraîner avec le CD-Rom inclus.

1 Connais-tu bien les figures de manège ? Coche les propositions qui te semblent justes.

A ❑ Le doubler est toujours suivi d'un changement de main.

B ❑ La demi-volte renversée va jusqu'au milieu du manège.

C ❑ Dans un contre-changement de main, le cavalier reste à la même main.

D ❑ Toutes les figures sont exécutées au trot.

E ❑ Sans ordre contraire, il faut garder la même main après un doubler.

2 Quelles précautions prendre lorsque tu es en reprise ?

A ❑ À allure égale, le cavalier piste à main droite a la priorité.

B ❑ Il faut conserver ses distances entre les chevaux.

C ❑ Il faut obliger le cheval à « faire les coins ».

D ❑ On peut laisser le cheval venir au milieu s'il le désire.

E ❑ Dans un doubler, il faut s'aligner sur le chef de reprise.

3 Au pas, pour déplacer les hanches du cheval vers la gauche, il faut :

A ❑ Reculer la jambe droite pour agir.

B ❑ Entretenir l'impulsion avec la jambe gauche à la sangle.

C ❑ Avancer la jambe droite.

D ❑ Détendre complètement les rênes.

E ❑ Conserver une tension égale avec les deux rênes.

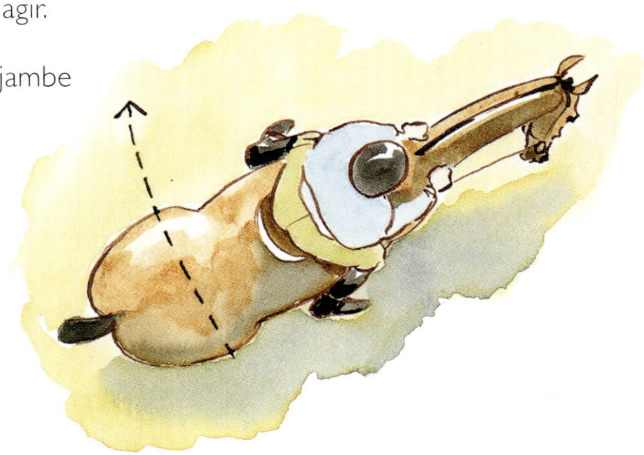

4 Pour inverser et enchaîner des courbes serrées, il faut :

A ❑ Assouplir le cheval aux deux mains pour cet exercice.

B ❑ Reculer la jambe extérieure pour incurver le cheval.

C ❑ Reculer les deux jambes.

D ❑ Inverser les aides aux changements de courbes.

E ❑ Avancer légèrement la main extérieure pour permettre l'incurvation.

Réponses p. 216

5 Pour conserver son équilibre assis quelle que soit l'allure, il faut :

A ❑ Ne pas se pencher en avant.

B ❑ Rejeter les épaules en arrière au trot enlevé.

C ❑ S'asseoir en arrière de la selle.

D ❑ Être assis bien en avant sur la selle.

E ❑ Avancer les jambes.

F ❑ Éviter de s'appuyer sur les étriers.

G ❑ Remonter les genoux.

6 Quelles sont les conditions qui permettent d'améliorer le confort du cheval ?

A ❑ Un cheval qui lève la tête et creuse son rein est inconfortable.

B ❑ Au trot, certains chevaux sont plus confortables que d'autres.

C ❑ Les coups dans la bouche dérangent le cheval.

D ❑ Le cavalier doit charger l'avant-main du cheval avec son poids.

7 Pour partir au galop à droite sur le bon pied, il faut savoir que :

A ❑ L'abord d'un tournant facilite le départ au galop.

B ❑ Au galop à droite, l'antérieur droit prend de l'avance sur le gauche.

C ❑ Au galop, les deux postérieurs restent au même niveau.

D ❑ Il faut agir avec une rêne d'appui droite, pour préparer le galop à droite.

E ❑ Il faut peser sur la fesse droite.

F ❑ Il faut reculer la jambe droite.

8 Pour contrôler la vitesse et l'impulsion au galop, il faut savoir que :

A ❑ Le cheval « sur les épaules » n'engage pas ses postérieurs.

B ❑ Bouger les mains perturbe le cheval.

C ❑ Les courbes larges sont demandées avec un effet direct.

D ❑ Les courbes serrées sont demandées avec un effet contraire.

E ❑ Le buste doit être orienté dans la direction à prendre.

F ❑ Il est inutile d'agir avec les jambes.

Réponses p. 216

9 Reporte dans les bonnes cases de la liste ci-dessous, les numéros correspondant aux différents obstacles dessinés :

- **A** ☐ Oxer
- **B** ☐ Haie
- **C** ☐ Droit
- **D** ☐ Mur
- **E** ☐ Haie barrée
- **F** ☐ Barres de spa
- **G** ☐ Rivière
- **H** ☐ Vertical sur bidet

10 Comment faut-il se comporter pour sauter des obstacles ?

A ❑ Il faut reconnaître le parcours en repérant le tracé à suivre.

B ❑ Dans les tournants, le cheval doit galoper sur le bon pied.

C ❑ Il faut arriver en face et perpendiculairement à l'obstacle.

D ❑ Inutile d'aller vite, il faut rechercher le « sans faute ».

E ❑ Il faut relâcher les rênes, au moment de sauter.

F ❑ Il faut accélérer au dernier moment.

11 Quelles précautions faut-il prendre à l'obstacle ?

A ❑ Les obstacles droits sont sautés à vitesse lente.

B ❑ Il faut aller relativement vite pour sauter des obstacles larges.

C ❑ Il faut se méfier du soleil, qui aveugle les chevaux.

D ❑ Il faut se baisser pour regarder l'obstacle en le sautant.

E ❑ Il faut ralentir sur terrain glissant, surtout dans les virages.

Réponses p. 216

12 Comment franchir des obstacles en terrain varié ?

A ❑ Se mettre en équilibre au-dessus des étriers dans les montées.

B ❑ S'accrocher aux rênes dans les montées.

C ❑ Relâcher complètement les rênes dans les descentes.

D ❑ Prendre les montées de face.

E ❑ Garder le buste vertical dans les descentes.

F ❑ Ne pas sauter un obstacle dont on ne connaît pas la réception.

13 Connais-tu les principales épreuves de TREC ?

A ❑ TREC signifie « Technique de Randonnée Équestre de Compétition ».

B ❑ POR signifie « Parcours d'Orientation et de Régularité ».

C ❑ En TREC, les montées peuvent être demandées à pied.

D ❑ Dans les descentes à pied, le cheval suit le cavalier.

14 Comment faut-il se comporter pour sauter des obstacles ?

A ❑ Ne pas se laisser embarquer sur le chemin du retour.

B ❑ Galoper dans les descentes.

C ❑ Laisser le cheval souffler dans les fortes montées.

D ❑ Au trot, rester toujours sur le même diagonal.

E ❑ Ne jamais galoper sur les chemins sans visibilité.

15 Connais-tu les principales règles à suivre en promenade ?

A ❑ Ne jamais accélérer sans prévenir les autres.

B ❑ Dépasser les autres lorsqu'on en a envie.

C ❑ Laisser de l'initiative au cheval dans les passages délicats.

D ❑ Ne pas galoper sur les sols gelés.

E ❑ Descendre de cheval sans prévenir le guide.

Réponses p. 216

LES PROTECTIONS DE TRAVAIL

16 Reporte dans les bonnes cases de la liste ci-dessous les numéros correspondant aux protections de travail.

- **A** ❑ Protège-boulet
- **B** ❑ Guêtre fermée
- **C** ❑ Protège-tendons
- **D** ❑ Cloche

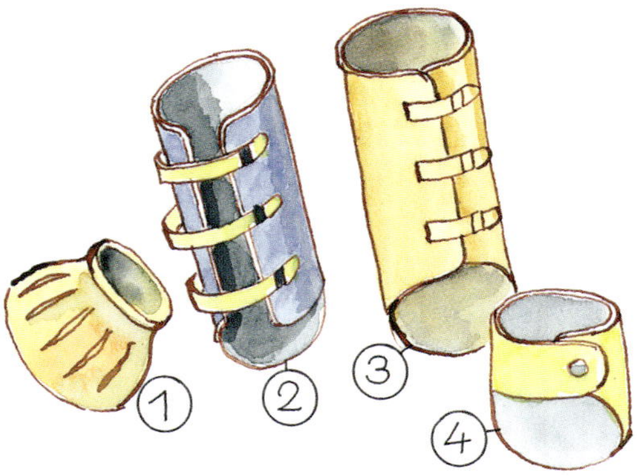

17 Quelles sont les utilités et utilisations des protections de travail ?

- **A** ❑ Elles servent à protéger les extrémités des membres.
- **B** ❑ Elles permettent aux membres de mieux récupérer.
- **C** ❑ Les fermetures se mettent sur la face intérieure du membre.
- **D** ❑ Les protège-boulets se placent aux antérieurs.
- **E** ❑ Les cloches protègent la couronne et les talons.

POSER DES PROTECTIONS DE TRANSPORT

18 Reporte dans les bonnes cases de la liste ci-dessous les numéros correspondant aux différentes protections de transport.

- **A** ❑ Protège-nuque
- **B** ❑ Surfaix
- **C** ❑ Couverture
- **D** ❑ Guêtres de transport
- **E** ❑ Cloches
- **F** ❑ Grenouillères
- **G** ❑ Protège-queue

19 Sais-tu à quoi servent exactement toutes les protections de transport ? Coche les propositions qui te semblent justes

- **A** ❑ Le protège-nuque est utile si le cheval se cabre.
- **B** ❑ Les genouillères sont utiles si le cheval tombe à genou.
- **C** ❑ Les guêtres de transport favorisent la circulation du sang.
- **D** ❑ Le protège-queue n'est utile que si la queue est nattée.
- **E** ❑ La couverture protège le corps du froid et des chocs.

Réponses p. 216

NOTIONS SUR L'ALIMENTATION

20 Que sais-tu sur l'alimentation des chevaux ? Coche les propositions qui te semblent justes.

A ❑ Le blé est l'aliment de base du cheval.

B ❑ Le cheval est un herbivore.

C ❑ Le cheval est un omnivore.

D ❑ Le foin est de l'herbe séchée.

E ❑ Orge, avoine et maïs sont des céréales.

F ❑ Les granulés contiennent des céréales.

21 Sais-tu comment le cheval doit se nourrir et s'abreuver ? Coche les propositions qui te semblent justes.

A ❑ Le cheval ne doit boire qu'une fois par jour.

B ❑ Le foin doit être donné avant l'aliment riche.

C ❑ Le foin est plus nourrissant que la paille.

D ❑ On peut remplacer l'avoine par du riz.

E ❑ Le cheval en pâture ne broute que deux heures par jour.

NOTIONS SUR L'ALIMENTATION

22 Pour ne pas commettre d'erreur en nourrissant des chevaux, tu dois être capable de trouver les bonnes réponses.

A ❑ Un cheval peut être nourri uniquement avec des carottes.

B ❑ Les chevaux doivent être nourris à heures fixes.

C ❑ Le cheval est nourri une seule fois par jour.

D ❑ Les mangeoires doivent être propres.

E ❑ Un cheval ne peut pas vomir.

F ❑ Le cheval n'a besoin d'eau que le matin.

23 Sais-tu comment sont calculées les rations journalières ?

A ❑ Un kilogramme d'avoine équivaut à un litre.

B ❑ Un kilogramme de granulés équivaut à environ 1,5 litre.

C ❑ La ration du cheval est déterminée à partir de son poids et de son travail.

D ❑ Le cheval doit travailler immédiatement après avoir mangé.

E ❑ La ration journalière doit être réduite si le cheval est au repos.

F ❑ On donne normalement trois repas par jour aux chevaux.

Réponses p. 216

NOTIONS SUR LES SOINS QUOTIDIENS

24 Coche les cases correspondant aux soins et vérifications quotidiens nécessaires au cheval.

A ❑ Un cheval en box doit être pansé chaque jour.

B ❑ Le cheval doit avoir constamment de l'eau à sa disposition.

C ❑ Il faut vérifier que le cheval termine bien ses rations.

D ❑ Les oreilles d'un cheval en bonne santé sont chaudes.

E ❑ Les crottins doivent être très mous.

25 Comment soigner le cheval tout au long de l'année ?

A ❑ Il faut tondre le cheval tous les mois.

B ❑ Le cheval en box a besoin d'un exercice quotidien.

C ❑ Il faut sécher les plis des paturons après la douche.

D ❑ En hiver, le cheval tondu doit être protégé avec une couverture.

E ❑ Les poils du cheval sont identiques quelle que soit la saison.

COMPORTEMENT DU CHEVAL

26 Sais-tu comment se comportent les chevaux lorsqu'ils vivent en troupeau ?

A ❑ À l'état sauvage, les chevaux vivent rarement seuls.

B ❑ Le cheval est craintif de nature.

C ❑ Certains chevaux sont plus agressifs que d'autres.

D ❑ Le cheval qui couche les oreilles est de bonne humeur.

E ❑ Deux chevaux qui se mordillent amicalement s'entendent bien.

27 Comment faut-il se comporter avec les chevaux ?

A ❑ Il faut frapper le cheval pour qu'il obéisse.

B ❑ Les gestes brusques affolent le cheval.

C ❑ Il faut récompenser le cheval lorsqu'il donne satisfaction.

D ❑ Il faut crier pour impressionner les chevaux.

E ❑ Il faut parler calmement à un cheval craintif.

Réponses p. 216

COMPORTEMENT DU CHEVAL

28 Comment procéder pour attraper un cheval en liberté ?

A ❑ Gesticuler pour qu'il te voie de loin.

B ❑ Courir vers lui.

C ❑ L'approcher doucement tout en lui parlant.

D ❑ Lui présenter une friandise.

E ❑ Le gronder s'il ne se laisse pas approcher.

F ❑ Le récompenser lorsqu'il s'est laissé attraper.

29 Comment se comporte le cheval monté ?

A ❑ Le cheval réagit de la même façon avec tous les cavaliers.

B ❑ Le cheval peut se cabrer pour désobéir.

C ❑ Certains chevaux ont tendance à vouloir se dépasser.

D ❑ Un cheval peut se quereller avec celui qui est à côté de lui.

E ❑ Les chevaux ont tendance à s'exciter aux allures vives.

RÈGLES DE SÉCURITÉ

30 Quelles règles de sécurité faut-il suivre pour éviter des accidents ?

A ❑ Attacher l'un à côté de l'autre des chevaux qui ne s'entendent pas.

B ❑ Éviter de mettre en contact des chevaux qui ne se connaissent pas.

C ❑ Attacher très court un cheval qui a tendance à « tirer au renard ».

D ❑ Resangler avant de se mettre en selle.

E ❑ Se ranger sur la ligne du milieu en début de reprise.

31 Quelles règles doivent suivre les cavaliers qui se promènent à cheval ?

A ❑ Ne jamais lâcher complètement un cheval.

B ❑ Conserver sa place dans le groupe.

C ❑ Éviter de laisser brouter le cheval.

D ❑ Se montrer courtois avec les piétons.

E ❑ Respecter les feux de signalisation.

F ❑ Marcher sur le côté gauche d'une route.

Réponses p. 216

Questions / Réponses

RÈGLES DE SÉCURITÉ

32 Une petite révision n'est jamais inutile… Te rappelles-tu les principales règles de sécurité à respecter dans ton club ?

A ❑ Attacher le cheval avec les rênes.

B ❑ Faire attention à ce que le cheval ne te marche pas sur les pieds.

C ❑ Ne pas laisser les selles à portée des dents du cheval.

D ❑ Faire passer le cheval sellé par une porte étroite.

E ❑ Attacher le cheval près d'une installation électrique.

F ❑ Être prudent pendant la distribution des aliments.

33 Reporte dans les bonnes cases de la liste ci-dessous les numéros correspondant aux différents panneaux et indications.

A ❑ Piste ou chemin ouvert aux cavaliers

B ❑ Piste ou chemin interdit aux cavaliers

C ❑ Itinéraire de tourisme équestre

D ❑ Changement de direction à gauche

E ❑ Changement prochain de direction

F ❑ Tout droit

MÉCANISME DU GALOP

34 Es-tu certain de bien savoir comment galope le cheval ? Coche les propositions qui te semblent justes.

A ❑ Au galop à faux, le cheval galope sur le pied droit en tournant à gauche.

B ❑ Au galop à droite, le postérieur droit devance le postérieur gauche.

C ❑ On dit qu'un cheval galope à faux lorsqu'il fait une faute à l'obstacle.

D ❑ Pour passer du trot au galop, le cheval doit repasser au pas.

E ❑ En ligne droite, le cheval galope toujours à gauche.

35 Reporte dans les bonnes cases les numéros correspondant aux différentes étapes du galop de ce cheval.

A ☐ Premier temps du galop

B ☐ Deuxième temps du galop

C ☐ Troisième temps du galop

D ☐ Phase de suspension

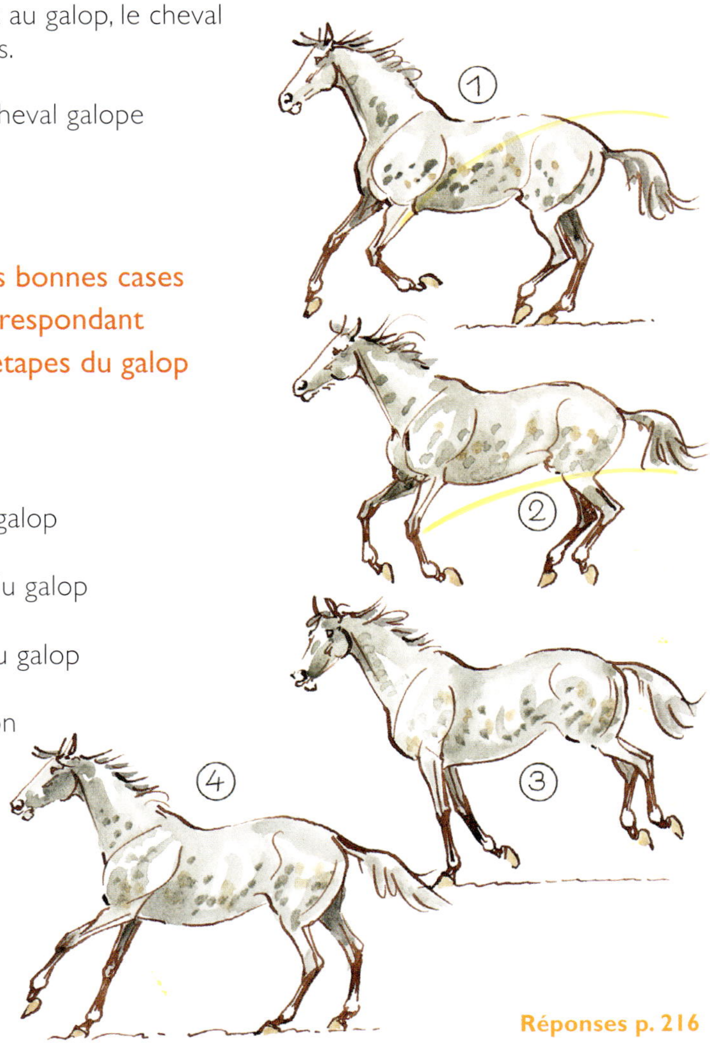

Réponses p. 216

RÉPONSES AUX QUESTIONS

Numéro des questions		Bonnes réponses
Équitation 	1	B, C, E
	2	A, B, C, E
	3	A, B, E
	4	A, B, D, E
	5	A, D
	6	B, C
	7	A, B, D
	8	A, B, C, D, E
	9	A6, B4, C1, D7, E8, F3, G2, H5
	10	A, B, C, D
	11	A, B, C, E
	12	A, D, E, F
	13	A, B, C, D
	14	A, C, E
	15	A, C, D
Soins 	16	A4, B3, C2, D1
	17	A, E
	18	A7, B1, C2, D5, E, F4, G3
	19	A, B, E
Connaissances 	20	BDEF
	21	BC
	22	BDE
	23	BCEF
	24	ABC
	25	BCD
	26	ABCE
	27	BCE
	28	CDF
	29	BCDE
	30	BDE
	31	ABCDE
	32	BCF
	33	A7, B4-5, C6, D2, E1, F3
	34	A, B
	35	A1, B4, C3, D2

Quel que soit ton parcours et la vitesse à laquelle tu souhaites passer tes galops, n'oublie jamais que le plus important est que tu montes en toute sécurité, et en toute harmonie avec ton cheval. Et surtout que tu prennes du plaisir à ce que tu fais !

Inutile d'aller plus vite que la musique ! Passer ses galops, c'est aussi l'occasion d'en apprendre plus sur tous les aspects de l'équitation et de la vie du club. Essaie d'y participer le plus possible, et tu découvriras des savoir-faire et des expériences qui te serviront toujours, passage de galop ou pas.

N'oublie jamais par ailleurs de récompenser ton cheval lorsqu'il t'obéit, par exemple par une caresse, et traite-le avec respect même en cas d'échec. S'il a mal exécuté ton ordre, c'est sûrement que tu t'es mal fait comprendre ! Quoi qu'il en soit, prends patience et recommence.

Et, quoi qu'il arrive, garde le sourire !